Marc DUBRUEL. S. J.

AU TEMPS DE PAVILLON ET DE CAULET

LES DIOCÈSES

D'ALET ET DE PAMIERS

D'APRÈS UNE RELATION CONTEMPORAINE INÉDITE

FOIX

TYPOGRAPHIE POMIÈS, FRA ET Cⁱᵉ, SUCCESSEURS

1913

Marc DUBRUEL. S. J.

AU TEMPS DE PAVILLON ET DE CAULET

LES DIOCÈSES

D'ALET ET DE PAMIERS

D'APRÈS UNE RELATION CONTEMPORAINE INÉDITE

FOIX

TYPOGRAPHIE POMIÈS, FRA ET Cⁱᵉ, SUCCESSEURS

1913

LES DIOCÈSES D'ALET ET DE PAMIERS

D'APRÈS UNE RELATION CONTEMPORAINE INÉDITE

Le recueil factice qui, à la bibliothèque municipale d'Orléans porte le numéro 650 M. 477 ter`, contient le récit manuscrit d'un pèlerinage fait à Alet et à Pamiers en 1670 par deux jeunes ecclésiastiques grands admirateurs de Pavillon et de Caulet (1). L'œuvre est encore inédite; elle a été assez parcimonieusement utilisée par M. Etienne Déjean, directeur général des Archives, dans les notes de son livre récent : *Un prélat indépendant au XVIIe siècle, Nicolas Pavillon*. Paris Plon 1909 in-8" (p. 30 [note] [2], 31 [1], 40 [1], 47 [3], 50 [1], 74 [1 et 2], 80 [1], 108 [2], 148 [1], 159 [1]) : elle mérite d'être publiée intégralement, car elle est pour le moins aussi instructive que l'ouvrage analogue de Lancelot sur les deux diocèses pyrénéens et sur leurs évêques.

Le texte d'Orléans n'est qu'une copie un peu défectueuse d'un original que je n'ai point trouvé.

Je crois savoir le nom de ses auteurs : je l'ai découvert à la suite d'une autre copie plus incorrecte et abrégée par endroits de la même narration qui est conservée dans un petit recueil in-16 de l'Arsenal, à Paris (numéro 5362.). Ce recueil porte en titre sur le dos du volume *Mémoires sur Caulet et Pavillon. Lettres de Duguet* 1691-1695. Le mémoire

---

(1) fol. 10 à 50.

sur les diocèses d'Alet et de Pamiers y occupe les folios 148-212. On lit au revers de la page 212 :

« La susdite relation est terminée dans le manuscrit par ces mots écrits en plus gros *Copié sur l'original de Mrs Foreau.* »

Marc DUBRUEL.

Relation d'un voyage fait à Pamiers et à Alet par deux ecclésiastiques.

Mon très honoré Monsieur,

Vous avez toujours trop pris de part à ce qui nous touche, et particulièrement au succès de notre voyage dont vous nous avez témoigné au retour avoir beaucoup de joie, pour ne vous pas faire part de la connaissance que nous y avons eue de la vie tout à fait exemplaire de quelques grands personnages et du règlement de leur famille. Nous vous en donnerons une teinture grossière et de légers crayons dont vous aurez la charité de ne pas tant regarder l'imperfection que la sincérité avec laquelle nous la ferons et l'affection que nous avons de vous faire paraître que nous sommes tout à vous et que nous voulons tâcher de nous acquitter de la promesse que nous vous fîmes quand nous eûmes le bien, il y a quelque temps, de nous entretenir si agréablement avec vous de ces illustres personnes.

Ce petit récit ne sera ni recherché ni éloquent ; car outre que nous le ferons tout simplement sur quelques petites notes que nous écrivions sur l'heure, et que nous devons agir plus franchement les uns avec les autres ; c'est que nous croyons que moins il y aura du nôtre, plus il y aura de l'Esprit de Dieu. Et nous espérons que le même qui anime les bons évêques nous faisant vous écrire ceci, vous le fera aussi lire et en tirera sa gloire, pour laquelle seule nous sommes en ce monde.

Nous avons vu en chemin faisant quelques ecclésiastiques de marque dans lesquels nous avons remarqué de belles parties, mais comme ils n'ont pas la grâce de chef et que nous ne les avons vus que par accident, nous croyons devoir aller d'abord aux termes de notre voyage, au retour duquel, si nous ne sommes point trop importuns, nous vous en marquerons quelques traits.

Quoique notre principal but fut Alet, néanmoins sur le récit qu'on nous avait fait de la piété de M. de Pamiers, nous lu allâmes faire la révérence et présenter une lettre que nous avions de Mgr notre évêque et nous arrivâmes en la ville épiscopale le 17 septembre 1669 au soir, où, ayant été présentés à Sa Grandeur, nous reçûmes avec tout le respect la bénédiction qu'elle nous donna avec de grandes marques de bonté pour nous et de singulière vénération pour Mgr notre prélat, de la part duquel nous le venions saluer. Nous nous imaginâmes d'abord que nous aperçûmes ce bon prélat avec son visage riant, son humeur gaie et ouverte, voir un autre Saint-François de Sales, dont en effet il imite de si près la douceur, la bonté et l'affabilité qu'on le prendrait pour un autre lui-même. Et cette vertu nous a paru dans la suite être son caractère tout particulier. Car elle est en lui si douce et persuasive et en même temps si forte, qu'on nous a assuré qu'il y avait peu de personnes, pour attachées et opiniâtres qu'elles fussent, qu'elle n'emportât et n'obligeât enfin de se rendre à une si agréable contrainte. Et pour confirmer ce que nous disons, il y a un proverbe commun, qui court parmi ceux qui n'ayant pas assez de zèle pour s'acquitter ponctuellement de toutes les fonctions de leurs charges, ne sont pas aussi si préoccupés de ténèbres et de passions qu'ils ne les laissent dissiper par la lumière et la force de ses raisonnements et gagner par la douceur de sa persuasion, qui est tel : « Dieu nous préserve, disent-ils, de la douceur de Mgr de Pamiers. » Après un bon quart d'heure de son entretien, l'heure du souper étant venue, il nous mit entre les mains d'un de ses ecclésiastiques qui nous conduisit à la maison épiscopale pour nous y faire prendre notre réfection, ce qu'il fit avec toute la cordialité et l'affection possibles comme ils ont accoutumé de faire en ces quartiers-là, où ils ont rétabli si parfaitement toutes les pratiques de l'hospitalité qu'on peut dire qu'il n'y manque rien, ni aux chambres où l'on loge, soit en meubles, feu, chandelles, livres, ni aux personnes par l'assiduité qu'ils ont auprès des hôtes pour leur tenir compagnie et pour prévenir leurs besoins. Et ce bon évêque ne se repose point tellement sur MM. les ecclésiastiques qu'il n'y veille lui-même. Car dès le lendemain il eut soin de nous envoyer le déjeuner qu'il nous fit prendre, quoique nous voulussions nous en dispenser pour la confusion que nous avions du soin particulier qu'il prenait, en nous demandant comment nous avions passé la nuit, etc.

Ensuite de quoi, nous ayant pris par la main, il nous conduisit à son séminaire pour y assister à un de ses entretiens qu'il allait faire aux séminaristes, qui étaient pour lors en retraite, pour les disposer à l'ordination qui suivait peu après : pour la matière duquel, ayant pris ce texte *Discite a me quia mitis sum et humilis corde*, il nous a convaincus par lui-même de la vérité du proverbe dont nous avons parlé. En vérité il se faut rendre, surtout à la fin de son discours, où se ranimant d'un feu tout divin, il est si pathétique que, quoiqu'il soit un grand prédicateur, il semble néanmoins se surpasser ; quoiqu'on nous ait appris qu'au commencement il avait bien de la peine à prêcher, n'ayant pas toute l'ouverture pour cette fonction.

Son séminaire est conduit sous son autorité par un très digne et savant ecclésiastique qui est entièrement dans sa dépendance que l'on pourrait mieux appeler son organe que son vice-gérant. Car étant chargé en chef de tout son diocèse, il ne croit pas pouvoir en rejeter sur les autres les fardeaux les plus pesants, ainsi tout ce qu'il y a de plus important et de plus difficile passe par devant lui. Et comme l'obligation de donner de bons pasteurs et de bons ministres à tout son peuple n'est pas des derniers, il en prend aussi lui-même le soin appellant seulement cet ecclé-

siastique à son secours, vu que lui-même connaît et entretient en particulier chaque séminariste pour juger de ses
propres yeux de leurs dispositions. Et comme il sait qu'autrefois les clercs n'avaient point d'autre demeure que la demeure de l'évêque qui était leur vrai et naturel père, ce
pieux évêque afin de leur donner continuellement des marques de sa vigilance paternelle et de les pouvoir nourrir tant
par l'évangile que par les instructions, s'est retranché volon-
tairement de la moitié de son palais épiscopal pour les y
placer et ayant continuellement l'œil à leurs besoins tant
spirituels que corporels, leur fournit les choses nécessaires.

Il était pour lors composé de dix-neuf séminaristes qui
commençaient un nouveau cours. C'était un nouvel essaim
qui venait faire les provisions nécessaires pour après pro-
duire le miel et la cire. Il y en avait environ une dizaine qui
étaient en habit court, mais noir. C'étaient de jeunes maîtres
de l'école, que l'évêque voulait éprouver pour les promou-
voir aux ordres selon leurs qualités. Ils étaient tous entrete-
nus des choses nécessaires, tant de livres que de linge, vivres
et le reste, par ce bon père de famille, un seul excepté qui
étant bien noble voulait fournir à son entretien.

Nous ne parlerons pas ici de leurs exercices ; lorsque nous
serons à ceux qui se font au séminaire d'Alet vous pourrez
savoir quels ils sont, ceux-ci n'étant que les imitateurs de
ceux-là. Il en va de même des conférences du diocèse ; cet
humble évêque faisant gloire d'imiter Mgr d'Alet, comme il
nous le marqua en arrivant, lorsque voyant que nous cher-
chions à nous instruire et à nous édifier, sans savoir que nous
voulussions passer plus loin, il nous dit : « Il faut que vous
alliez voir mon maître, *Ite ad videntem* ». Il avait peur que
nous ne le prissions pour un voyant. C'est pourquoi il nous
en enseignait un autre, se souvenant de la manière d'agir du
saint Précurseur de Notre-Seigneur.

Pour revenir à nos séminaristes, le temps qu'ils doivent
être en ce noviciat n'est point limité, l'évêque leur fait faire
l'école autant qu'il juge à propos et, selon l'ouverture qu'il
voit en eux par la science et les autres parties et beaucoup
plus pour les mœurs, il les avance ou recule. Il y en a tels

qui font l'école deux ans, d'autres des 3, 4, 5, 6 ans ou plus
Tels sont au séminaire, dont il n'exempte personne, 2 ans,
les autres des trois et quatre, sans être ordonnés. Il en éprouve
quelquefois dix et douze ans entiers. Il y avait huit ans que
son secrétaire était sous-diacre sans avancer. Rarement en
ordonne-t-il avant trente ans. Et il faut que de ceux-là *vita
probata sit senectus*. Il en tient quelquefois un an sans soutane et ne leur donne la tonsure que six mois ou un an après.
Ce qui se pratique aussi dans un des plus grands et mieux
réglés séminaires de France où nous avons été. Quelquefois
ils sont appelés aux ordres sans y penser, car en ce pays-là la
faveur, le respect humain ni la science n'ont point de pouvoir,
surtout le désir d'être ecclésiastique y est mal reçu et récom-
pensé d'une très longue épreuve. Se présenter pour les ordres
c'est en demander l'exclusion. Il ne faut même pas se persuader qu'on ait quelques talents ou qu'on soit nécessaire :
car quoique cela fût, quelque utilité qu'on pût apporter, on
est réduit au petit pied et on apprend par expérience qu'on
n'était pas si absolument nécessaire qu'on ne s'en pût passer.
Ce prudent évêque nous ayant dit sur ce sujet qu'il ne fallait
pas fomenter la superbe ni entretenir les personnes dans la
bonne estime d'eux-mêmes et qu'il était de la charité de leur
faire connaître leurs défauts, comme il l'a fait voir en une
occasion très signalée d'une personne qui a de beaux avantages et lui avait rendu de grands services et était en état de
lui en rendre peut-être de plus grands, mais s'estimant mériter assez une certaine dignité, fut par lui-même convié de
se déposer et fut déchargé de tous ses emplois et réduit à être
vicaire à une des paroisses de la ville, mais toujours bienve-
nu et honoré de lui, étant entretenu de tout chez lui. Ce
que nous savons de sa propre bouche et nous avons été infor-
més amplement par d'autres et avons connu la personne
dont il est question.

Notre dessein était de passer quelques jours dans le séminaire ; mais les chambres étant toutes occupées, nous avons
eu seulement la liberté d'y prendre quelques repas qu'on
nous y a donnés avec autant de cordialité que de frugalité.
Monseigneur nous convia même de prendre la récréation

de la promenade avec les jeunes maîtres, entre lesquels nous en vimes quelques-uns qui avaient de très hauts sentiments du sacerdoce, et beaucoup de soumission à la conduite de leur pasteur, auquel, quelqu'un de nous qui avait lié la partie avec un d'eux qui a plusieurs belles qualités, mais qu'il aperçut *ad oculum servientem*, ayant témoigné qu'il voudrait l'examiner de près, le bon prélat lui dit qu'il le connaissait fort bien et qu'il n'était pas prêt de passer outre... Ce fut après plusieurs refus que nous fûmes obligés de lui parler de ce clerc et nous eûmes ordre de sa Grandeur de lui marquer tous les défauts que nous pourrions remarquer chez lui en quoi que ce fût. Jusque-là que nous ayant demandé notre sentiment sur le chant de l'église collégiale, il en fit venir en sa salle épiscopale les chanoines et les chantres et son séminaire, qu'il divisa en deux chœurs pour les accoutumer à ne pas tant traîner comme nous n'avions pu nous défendre de lui dire que nous l'avions remarqué. Cette manière d'agir avec nous si humble nous surprit bien fort.

Et à propos de cela on nous dit, nous nous souvenons que ce fut lui-même, un assez plaisant trait : que quelques évêques ses comprovinciaux se raillaient de lui et disaient qu'il se laissait conduire par un clerc. Le fait est qu'il avait un bon clerc que Dieu lui avait comme donné, venu de hors province, en qui il voyait une profonde humilité avec un grand zèle, qui l'avait porté à ne lui pouvoir celer quelques fautes qu'il avait aperçues. Ce bon prélat voyant que ce n'était que la charité qui le faisait l'avertir de ces choses, lui enjoignit de prendre garde à ses actions propres et de l'avertir aux rencontres, ce qu'il recevait avec autant de soumission que le clerc le faisait avec humilité et exactitude. Il nous a aussi dit lui-même avec bien de la joie, qu'allant à Paris il souhaita d'être à confesse à Saint-Laurent-des-Eaux, où il se trouva M. le curé (qui avait appris à être méchant par M. Chevalier et avait jeté dans la Loire une agathe qui avait une Vénus nue qu'on avoit mis sur le Saint-Sacrement et la paya), le bon curé interrogea M. de Pamiers de six et de quatre, dont il nous a témoigné être édifié et souhaiter d'avoir toujours de tels confesseurs et ensuite l'en remercia.

Hors ces trois ou quatre repas que nous prîmes au séminaire, nous mangeâmes toujours à l'évêché et même eûmes l'honneur d'être admis à la table du bon Seigneur, autant de fois qu'il y mangea pour lors ; ordinairement il y venait dîner et souper avec MM. les chanoines de sa cathédrale (dont les anciens étant des chanoines réguliers n'avaient point été sécularisés par le pape, mais l'étaient devenus trop par leurs désordres et partialités) lesquels avaient, au moins la plus saine et nombreuse partie composée de savantes et pieuses personnes que ce sage évêque y avait placées, formé un corps de communauté, premièrement en la moitié de son palais, puis pour faire place au séminaire, avaient pris une maison proche la nouvelle cathédrale, qui était plus de la demie bâtie à leurs frais communs et à ceux de l'évêque ; dans la maison desquels il avait pris une chambre toute simple pour y rétablir un peu sa santé : cette maison étant bien aérée et ce par ordre des médecins.

Sa table est composée de son économe, official, promoteur, de MM. les ecclésiastiques et de quelques chanoines de sa collégiale, vicaires et autres prêtres qui. gouvernent les paroisses de la ville ; de la manière que nous avons dit qu'on exerçait l'hospitalité pour les étrangers, vous pouvez assez juger comment on y reçoit les ecclésiastiques du diocèse qui n'oseraient aller à l'hôtellerie, pour lesquels il y a toujours durant les repas sur le buffet des couverts tout prêts quand ils arrivent lorsqu'on est à table, à laquelle ils viennent sans cérémonies et avec autant de liberté qu'un moine à celle de son abbé. C'est une affluence continuelle et un flux et reflux perpétuel. Outre la table. on les loge et on a un soin tout à fait exact de leurs chevaux, dont ils n'entendent plus parler qu'à l'heure qu'ils ont marquée aux palefreniers pour partir.

Les règlements en sont fort beaux.

Il y a toujours lecture à la table, faite par un ecclésiastique qui est d'ordinaire le directeur de la basse famille. A la deuxième table à laquelle il préside il fait faire lecture par un des plus jeunes. Les portions y sont réglées comme dans un couvent, le silence s'y garde, la modestie et la frugalité.

A cette deuxième table sont tous les officiers laïques depuis le maître d'hôtel jusqu'au portier.

Il n'y a jamais de rôti à la table pour le dîner, si ce n'est qu'arrivant un nombre de personnes peu avant le repas, le temps ne permette pas qu'on en fît bouillir : on en mettrait pour lors quelque morceau rôtir. Le maître nous dit avoir été bien querellé de lui, parce qu'à dîner il avait fait servir des poulets rôtis, M. son frère le président de Toulouse y étant. Le plus souvent on mettait quelque côtelette de mouton griller selon la coutume du pays, ce qui est aussitôt fait. L'on met ordinairement une demi-livre de viande pour chaque personne. Au soir on a toujours du rôti avec quelque entrée. Mais le gibier en est entièrement exclu. Nous y avons seulement vu servir à un abbé de grande condition des pigeonneaux. On y mange de la volaille aussi. Ce bon évêque est si peu délicat et si sobre que nous avons su d'un curé que dans sa visite ce prélat s'étant trouvé chez lui au dépourvu, il trouva à très grand prix deux perdrix pour toute viande auxquelles il ne voulut pas toucher, crainte, disait-il, que si les ecclésiastiques savaient que leur évêque en mangeât, ils voulussent manger des faisans, et qu'ils n'auraient pas d'égard à la nécessité présente. Enfin soit pour le dessert soit pour le vin, qu'on trempe beaucoup, on y est fort sobre. Ce bon père y a soin de distribuer les viandes à ses clercs auxquels il fait part de ce qu'il y a de meilleur.

Si la table est réglée, tous les autres exercices ne le sont pas moins, mais avec une ponctualité surprenante. Pour lors nous avons bien conçu, ce que nous ne pouvions comprendre, que l'on pouvait régler les grandes maisons. Pour vous en jeter le plan nous dirons en deux mots quels ils sont (les règlements) Présupposez toujours que l'évêque y est tout le premier. On excite à 4 heures et demie, chacun fait son lit ; à 5 heures, on se range à la chapelle où il y a méditation d'une heure pour les ecclésiastiques, qui, après avoir dit leur bréviaire depuis 6 heures, reviennent à la messe à 7 heures, durant la prière, depuis laquelle on dit la messe pour les officiers de la basse famille, qui après s'en vont à leur travail et les ecclésiastiques s'acquittent de leur office :

les uns et les autres ont chacun leur emploi marqué dans les règlements de la famille. On peut prendre pour le déjeuner un doigt de vin avec le petit morceau de pain et en silence. A 11 heures l'examen, au demi quart le *benedicite* clérical. Après la table on reste quelque temps, les ecclésiastiques auprès de Mgr, où l'on s'instruit et entretient toujours de bonnes choses, concernant le plus souvent les besoins de l'Evêché. Le bon prélat écoute tous ceux qui ont affaire à lui, comme il fait au matin après 9 heures. Ensuite on fait chacun chez soi la lecture spirituelle, de là à son office et travail. A 5 et demie on se trouve à la chapelle pour y réciter les litanies et y remplir le reste du temps jusqu'à 6 heures en faisant des réflexions sur quelques articles de l'*Imitation*. A 6 heures, à table après laquelle les officiers, maitre d'hôtel, apothicaires, etc., rendent compte du nombre des aumônes, malades, pauvres, etc. A huit heures la prière du soir où toute la maison assiste. L'ecclésiastique qui préside à la basse famille a soin d'y faire des exhortations trois fois par semaine et veiller sur les déportements des particuliers.

Les habits y sont pour tous d'une même couleur et étoffe. Ils sont fort propres en linges, chapeaux, souliers, etc. sans livrées, ni couleur mondaine. Les rubans ni autres superfluités ne s'y rencontrent point. Cela est si vrai que le maitre d'hôtel nous a dit qu'il avait congédié un de ses officiers qui revenant de voir ses parents avait mis des rubans sur son habit. On s'y traite civilement et charitablement. On y permet le jeu de quilles une ou deux heures les jours de fête, dans la maison seulement et avec ceux du logis. Car comme on ne joue point avec les autres ni à d'autres jeux, aussi n'en admet-on point d'externes, ce qui s'observe rigoureusement pour le boire et le manger, n'étant jamais permis de le faire hors de la maison, non pas même de sortir sans exeat ni permission. Depuis le plus petit jusqu'au plus grand ils jeûnent exactement. Point de collation les autres jours. Tous les vendredis et samedis au soir on ne donne que du dessert avec quelques œufs à la coque ou omelette sur une assiette pour ceux qui ne pourraient pas jeûner.

Les femmes n'entrent point dans la cour, bien moins dans le logis, mais seulement il y a une chambre où est l'apothicairerie qui touche à la porte, où on entretient les personnes du sexe qui ont affaire. Ce fut en cette chambre que nous fit entrer Monseigneur quand madame sa sœur vint lui parler, car quoique elle ne vienne point sans quelque fille bien sage, il ne lui parle point sans avoir quelque ecclésiastique avec lui. Ce fut dans cette chambre où il donna audience à madame sa sœur de Toulouse et à sa nièce et à sa mère qui l'étaient venues voir de loin. Il ne leur permit pas d'entrer plus avant, encore, dit-on, qu'il avait bien de la peine à se résoudre à cette civilité. Aussi quand il va à Toulouse il ne loge point chez ses parents, mais chez un ecclésiastique, pour l'ordinaire chez un bon chanoine de Saint-Étienne que nous avons eu l'honneur de connaître.

Les officiers sont bien gagés et payés. Enfin comme la famille de l'évêque doit être le modèle de toutes les autres, on y apporte toutes les précautions afin qu'il n'y ait point de désordre et on y fait élire des plus sages. On en élève même quelques-uns, comme le portier et le jeune homme qui est auprès de Monseigneur, aux ordres et pour cela ils ont leur temps d'étude et leur directeur leur sert de précepteur.

Vous voudrez bien que nous ajoutions à ce que nous venons de dire l'usage de son revenu, le nombre de ses officiers et les ameublements de sa maison et vous vous souviendrez d'en penser autant d'Alet, puisqu'Alet est l'original et, Pamiers la copie.

Pour cela vous saurez que Mgr de Pamiers a ordinairement du revenu de son évêché 24,000 livres. Il avait un frère homme de bien. conseiller, qui restitua 2,500 livres à une personne qui les avait perdues par arrêt, pour n'avoir pas soutenu avec assez de rigueur son sentiment qui l'en déchargeait et en cela contraire aux autres, qu'il aurait peut-être fait recevoir s'il avait été plus ferme : n'ayant plus de patrimoine qu'il abandonna lors, comme il nous a dit. qu'il ne connaissait pas Dieu et avant d'être évêque, à ses parents, lesquels néanmoins en usent parfaitement bien par les grandes aumônes qu'ils font à l'hôpital général de Toulouse, où ils sont des pre-

miers du parlement, comme nous l'avons su du directeur de
cet hôpital, qui nous dit aussi que Monseigneur de Pamiers
lui fournissait de l'argent pour faire subsister petitement
quelque nombre de jeunes écoliers vertueux et qui eussent
de l'esprit, que ce directeur loge et instruit pour rien et qu'il
envoie à Pamiers, quand ils ont fait leurs classes, où on leur
donne de l'emploi.

Sur ces 24,000 livres du revenu de l'évêché il lui en faut
ôter environ 6,000 livres, comme nous a dit son maître d'hôtel,
pour la subsistance de la famille et gages de ses officiers. Le
reste est employé à faire subsister tout son séminaire, les
régents et régentes, dans les lieux qui ne les peuvent nourrir,
pour les pauvres, tant des montagnes que de la ville, soit
pour les vivres, soit pour les vêtements, soit pour les maladies,
apprentissages et autres. Ordinairement les nécessités y sont
grandes à cause de la stérilité des montagnes qui souvent
diminue beaucoup son revenu, et en notre présence il a
diminué 2.000 livres à deux fermiers pour le tort que la grêle
leur avait fait, et a prolongé de quatre mois le terme de
leur paiement. Les maladies y sont aussi fréquentes à cause
de l'inconstance de l'air fort chaud dans les vallées et fort
froid dans les montagnes. Ce qui l'a obligé d'avoir une belle
apothicairerie chez lui et de bons ouvriers en cet art et en la
chirurgie qui sont sans cesse en campagne pour cet effet.

Les nécessités sont quelquefois si grandes qu'il lui a fallu
supprimer son séminaire et interrompre plusieurs fois le bâtiment de sa cathédrale, outre que son revenu consistant la
plupart en dîmes, il est obligé en qualité de fruit prenant de
contribuer au rétablissement et à la dotation de quantités
d'églises. Il fait aussi subsister une espèce de séminaire à la
campagne où il fait faire tous les ans les exercices aux ecclésiastiques de son diocèse et où il envoie prendre l'air à ceux
qui sont malades, soit ecclésiastiques, soit religieux. Et nous
y avons vu un Jacobin qui ne manquait point de consommés,
ni de gibier, pour lequel seul il y avait un homme qui n'avait
point d'autre emploi que de le gouverner. Il fait subsister
souvent d'autres religieux dans leurs maisons de Pamiers où
ils ne sont pas trop bien rentés, comme un Augustin à qui

il envoyait ce qu'il y avait de meilleur sur sa table comme nous y étions.

Ce qui fait voir en passant que si ces évêques sont obligés d'avoir affaire avec des religieux et de les pousser, cela ne vient que de leur opiniâtreté, puisqu'ils ont tant de tendresse pour les autres. Et nous sommes témoins des avertissements qu'il donna à un autre dominicain, qui s'en allait de sa part servir une paroisse, pour quelque temps, comme de déjeuner, de se bien gouverner, lui réitérant plusieurs fois qu'il avait peur qu'il ne tombât malade. Vous n'êtes pas marri de cette digression.

Pour revenir à notre revenu, hé bien, n'en voilà-t-il pas un bon emploi ? Si vous avez de la peine à comprendre comment si peu de bien peut suppléer à tant de besoins, faites réflexion sur la Providence de Dieu et aussi sur ce que ce bien vaut un quart davantage en ce pays-là qu'en celui-ci, vu qu'il n'y a là de cher que l'argent outre que souvent il est sans argent. Car quand il en a, il ne le saurait garder. Un jour qu'il n'avait que vingt écus il les donna à un vicaire qui se plaignait à lui que son curé ne lui avait pas donné ce dont ils étaient convenus ; mais il l'obligea de s'en aller au plus tôt crainte d'avoir affaire avec son économe, qui en effet le querella quand il le sut. Souvent il en emprunte et quand il n'en a point, il donne des meubles, ayant une fois donné jusqu'à la couverture de son lit.

Quant au nombre de ses officiers, souvent il a eu M. son grand vicaire, mais à présent c'est un de Messieurs ses chanoines reformés, qui, faisant vœu entre ses mains, vivent très exemplairement en commun. Il a son official, quoiqu'il rende la justice lui-même, quelquefois son promoteur, le doyen de sa collégiale et Messieurs les prêtres et clercs qui desservent les paroisses, le directeur de sa famille, son secrétaire qui lui sert aussi d'aumônier.

Il a M. son frère, ecclésiastique bien édifiant et sans faste, qui pour tout équipage a un garçon et un cheval, dont il ne se peut passer, car il est sans cesse en campagne pour vaquer aux affaires du diocèse et est le bras droit de Monseigneur. Il a un bénéfice simple de 400 à 500 écus et n'a jamais voulu

accepter une cure à notre avis la plus riche et jolie du diocèse
qui vint à vaquer comme nous y étions, que Monseigneur lui
voulut donner le croyant l'unique qui la pût bien gouverner,
le peuple de cette ville étant farouche et rebelle. Outre ce
bénéfice, il a environ 4,000 ou 5,000 livres de son patrimoine
qu'il emploie tout pour les nécessités du diocèse. Comme
nous y étions il avait fait provision de 1,000 ou 1,200 setiers
de blé prévoyant une grande cherté. Quelques-uns disent
que Monseigneur le voudrait bien faire son coadjuteur, à
quoi ils ajoutent qu'il ne veut pas consentir et qu'il s'enfui-
rait plutôt.

Pour des laïques, il a un maître d'hôtel, deux ou trois apothicaires et chirurgiens, un sommelier, un cuisinier, un boulanger (il renvoya son jardinier en notre présence, n'en voulant plus avoir), un garçon auprès de lui, un portier, un
muletier pour sa litière, un palefrenier pour son écurie et
pour les chevaux des hôtes. Voilà tout son train. Il retient
encore chez lui un jeune homme, non pas pour le service
qu'il lui rend, car il travaille peu, mais crainte que s'en
allant dans son diocèse, il ne fut prêtre. Il lui a fait quitter la
soutane, ayant été acolythe, ne trouvant pas en lui les parties
nécessaires à un ecclésiastique.

Pour les meubles, il n'y a dans toute sa maison ni dans sa
chambre où nous avons été, aucune tapisserie, seulement y
en a-t-il de la plus simple dans sa chapelle qui n'a que huit
pieds de largeur et douze pieds de longueur. Autrefois il en
a eu, mais il vint un si grand froid que ne pouvant servir
d'étoffe suffisamment il fut obligé d'en habiller les pauvres,
comme avait fait saint Charles en pareille occasion.

Pour toute argenterie, il a des cuillers et des fourchettes et
une écuelle à oreilles avec une aiguière d'une chopine dont il se
sert à l'église pour se laver, qui fait partie de la chapelle : une
grande famine lui ayant tout fait vendre et distribuer. Le
reste de ses meubles marche du même pied ; sa salle est ornée
d'un buffet, d'une table toute simple, d'une douzaine de chaises de bois sans aucune étoffe. Sur la table de sa chambre il
n'y a pas même de tapis ; son tour de lit est un drap gris
avec une petite frange. Il avait des pantoufles qui ne valaient

pas cinq sous et un vieux chapeau en pain de sucre dont la rougeur faisait la valeur. Les habits tout simples sans soie, de camelot et sans traines à terre, son cordon seulement de soie verte.

Pour son carrosse il ne l'a pas vendu, car il n'en a pas voulu avoir depuis qu'il est évêque, mais seulement une litière de deux mulets qui la portent. Il en a un 3e pour charroier le bagage, le bois et autres nécessités de la maison. Voilà son écurie qui assurément est moindre en valeur que celle de Mgr d'Alet et très souvent il est obligé d'avoir des chevaux de louage, comme nous l'a dit un de ses prêtres. C'est là pratiquer à la lettre le canon fameux du Concile de Carthage qui règle l'équipage des évêques.

Nous ne vous parlerons point des visites qu'il fait souvent dans son diocèse sans négliger la moindre des paroisses ou annexes, quelque écartée qu'elle soit sur les montagnes, faisant également état de toutes les âmes que Dieu lui a confiées.

Quoiqu'il ait une litière, il fait néanmoins la plupart du chemin à pied et séparé des autres, pour mieux vaquer à l'oraison dont il nous a fait de si beaux éloges et à laquelle il nous a exhortés de vaquer durant les chemins à notre retour. Il les assaisonne encore d'une si grande frugalité que, quoique l'on assure qu'on ne trouvera rien en certains cantons, il ne veut pas permettre qu'on y porte des provisions. Ce qui l'a obligé quelquefois de dîner d'oignons les jours de jeûne. Il pratique, autant par action qu'il répète souvent, cette belle maxime de M. Bourdoise, que les ministres de l'Eglise doivent travailler beaucoup et dépenser peu. Ce qui fait que quand il arrive tard aux lieux de sa visite, il exhorte ses ecclésiastiques à manger peu à cause du tard et au matin, quand ils partent, de ne se pas tant charger l'estomac pour marcher plus légèrement et principalement pour grimper à la montagne, les tenant toujours en haleine.

Vous ne pouvez douter de la modestie avec laquelle il opère nos mystères adorables et redoutables, vu que c'est un homme tout intérieur, mais ce qui nous a paru de plus touchant c'est la façon amoureuse et simple dont nous l'avons vu faire en présence du Saint-Sacrement l'examen et les prières du soir en langue vulgaire. Il les prononce avec tant de tendresse, que je crois qu'il oblige Dieu comme un second Moyse de lui accorder ce qu'il lui demande pour son peuple. Et sa piété extérieure a été d'une si bonne odeur qu'elle a influé sur Messieurs de sa cathédrale, qui font l'office divin comme s'ils croyaient parler à Dieu. Nous ne nous étendrons pas davantage sur ce point. Jusques aux enfants de chœur qui sont élevés parmi MM. les réformés, ils édifient et donnent du respect. Quand il va à l'office les jours de fêtes et dimanches, tous les séminaristes le précèdent deux à deux, les clercs en surplis le suivent et en dernier lieu toute sa famille.

Le petit séminaire des champs est comme le centre de son diocèse, où il fait bâtir des chambres pour les exercices et des lieux commodes pour recevoir tous les ecclésiastiques malades, qu'il envoie quérir dans sa litière et qu'il faisait gouverner auparavant chez lui. Il les y visitait souvent afin de savoir par lui-même si rien ne leur manquait. Et nous y en avons vu un, venu du dehors pour se rendre à lui, avoir été 4 mois malade, qui a été secouru comme s'il avait rendu tout le service, quoiqu'il n'en eut rendu aucun. Ce lieu qui est destiné pour les anciens curés et vicaires qui, ne pouvant plus pour leur âge ou infirmité, vaquer aux fonctions de leur état, viendront mourir avec joie en ce saint lieu où on leur rendra toutes les assistances qu'ils peuvent attendre. Mgr nous en a communiqué le projet. Il n'y a rien de mieux concerté, c'était ce qui manquait à cet évêché, car pour ne vous point céler la vérité, un bon ecclésiastique qui aura travaillé de son mieux un long temps, se voyant réduit dans une longue maladie en un lieu de neige et de froid, sans médecin ni chirurgien, parmi des farouches, sans consolation ni visite, à cause que les lieux sont inaccessibles, a besoin d'une grande vertu pour s'abandonner ainsi à la Providence. C'est pourquoi ce bon prélat, qui veut avoir le soin tout entier des corps de ceux qui s'exposent avec tant de désintéressement et de générosité en ces lieux si affreux, a trouvé ce beau moyen pour leur ôter tout sujet de murmure et toute occasion d'avarice.

Comme le bon Dieu l'a vu surchargé du soin qu'il avait

pour les hommes, il a eu la bonté de lui donner un aide plus proportionné pour faire refleurir la piété parmi le sexe. Il lui a donné Mme sa sœur pour coadjutrice, laquelle au lieu de l'incommoder ou importuner, comme font d'ordinaire les parents des évêques, lui rend de notables secours sans vouloir trancher ni tailler, mais avec une grande déférence. Cette vertueuse dame a été mariée à M. le baron de Mirepoix, autrement de Lévi de Ventadour, qui se disait de la tribu de Lévi, mais quoi que c'en soit, des plus grands seigneurs de la province. De ce baron elle a une fille mariée avec M. le Comte.....

Il y a peut-être 12 ou 15 ans qu'elle est restée veuve, très belle encore et assez jeune, avec 6 ou 7,000 livres de rente, qu'elle emploie tout en œuvres pieuses. Et voulant vaquer entièrement aux œuvres de charité, elle a renoncé au mariage et gouverne sous soi un certain nombre de filles, dont le temps de la prière, du travail, etc., sont réglés comme à des religieuses, faisant deux fois le jour méditation, récitant l'office de Notre Dame, et qu'elle rend capables de secourir le prochain dans toutes ses nécessités tant spirituelles que corporelles. Et elle ne s'est pas contentée de travailler de cette manière dans toutes les villes et à la campagne que dans le diocèse de Pamiers, mais elle a étendu son zèle aux autres provinces comme dans le Quercy, etc. Il fait beau voir une personne de cette qualité habillée simplement d'étamine noire et de serge grise, sans aucune parure, ni guiffure, des manches longues, sein couvert, Dieu sait comme, conduire une centaine de petites filles à la messe, deux à deux, dans la ville où son frère est évêque. N'est-ce pas avoir renoncé à la vanité et à la grandeur du monde, être sans demoiselle, sans carrosses, sans chevaux, sans laquais? Nous nous étendrions sur le détail de ses actions, si nous ne réservions à vous les décrire lorsque nous rapporterons comment font les régentes mobiles d'Alet, dans la communauté desquelles elle a fait son apprentissage, sous la direction du chef et de l'instituteur de ces missionnaires, et où elle envoya se perfectionner des filles que M. de Cahors lui avait envoyées à ce dessein. Ce qu'ayant su, il en fut bien fâché à cause du Jansénisme.

Vous concluerez facilement de ce que nous dirons plus bas de quelle manière le diocèse est réglé tant contre les désordres publics que contre les hérétiques, n'en ayant qu'un seul dans tout son diocèse à qui on accorde cette grâce en reconnaissance de ce qu'il avait sauvé Mgr de Sponde, prédécesseur immédiat du présent évêque, lorsque les Huguenots surprirent la ville. Tout de même pour la décoration des églises, l'usage du revenu des bénéfices, l'extérieur des ecclésiastiques, l'uniformité de la doctrine et de la conduite. En ce pays là tous les confesseurs conviennent de principes et sont également exacts : point de sacrements aux joueurs de violon ; on ne fait point la barbe, on ne boulange point les jours de fête et dimanches, on ne charroye pas ; il y a amende d'huile à la lampe pour la première fois, prison pour la deuxième, car le bras séculier aide à pratiquer les ordonnances.

A la vérité il lui a bien fallu suer pour en venir à bout. Il lui a fallu essuyer une mer de difficultés, soit pour rendre les prêtres capables par les instructions et dociles par les prières, soit pour persuader aux religieux d'être plus exacts qu'ils n'étaient. Enfin quelles affaires, quels pasquins (nous en avons vu ; mais il n'y a rien de si impie, blasphématoire, et noir, l'horreur nous empêche d'en dire davantage), quelles chansons, quels libelles diffamatoires n'ont point faits quelques-uns de ces religieux qui n'ont pas voulu s'y soumettre ? N'ont-ils pas envoyé leurs écoliers faire si grand bruit dedans et dehors l'église du Camp lorsqu'il prêchait qu'il fut obligé de les menacer de la prison ? N'a-t-il pas été obligé d'entreprendre une quantité de procès dont il n'a pas eu bon succès par la brigue puissante qu'ils avaient au parlement voisin ? Ce qu'il nous a dit ne l'avoir ému en rien ; qu'il n'y avait qu'à ne rien craindre et n'être point attaché, que jamais Dieu ne ferait plus paraître sa force que lorsque tous les moyens humains manqueraient. N'a-t-il pas été obligé d'implorer la clémence du roi, qui, par une grâce spéciale, a commis ses **causes** au conseil privé où ayant été maintenu dans ses justes prétentions, il lui a fallu encore avoir recours à des armes plus dangereuses que celles-là, mais que la suite a fait voir aussi inutiles. Quelle douleur à ce pieux évêque de se voir obligé par l'endurcissement de quelques personnes qui font profession publique d'obéissance, de les retrancher comme des membres pourris et gangrenés du corps de l'Église ! Voyant que ni les prières particulières, ni les publiques, ni les mortifications extraordinaires de jeûne et de discipline qu'il a prises, (car on nous a dit et assuré qu'il s'était donné plus de 2.000 coups de discipline pour leur obtenir de Dieu la grâce de se reconnaître n'avaient servi de rien, il a été obligé d'en venir à l'extrémité et d'en dénoncer quelques-uns nommément excommuniés, desquels on peut dire que *peribunt in contradictione Core*, s'ils ne reconnaissent ensemble et la grandeur de leur faute et celle de leur peine.

Cela a été cause qu'il n'a approuvé aucun de cette maison pour la prédication, pas même le jour de Saint-Ignace dans leur église, ni à la confession, pas même pour les écoliers qui viennent aux paroisses et aux autres religieux.

Pour les autres religieux, ils lui sont plus soumis et en approuve de chaque maison, v. g. des Carmes, des Cordeliers et des Augustins, un ou deux ou trois selon qu'il les trouve dans une vigueur nécessaire ou selon le besoin qu'il en a. Des Jacobins il y en a quatre ou cinq, des chanoines réguliers de Foix presque tous, et nous y vîmes le P. Prieur des Augustins qui sachant de quel diocèse nous étions, nous aborda sur ce pied et nous dit avec joie qu'il était de ceux qui faisaient gloire d'obéir aux évêques.

Dans son diocèse il a de bons prêtres bien désintéressés, amovibles *ad nutum*. Entr'autres nous avons eu familiarité avec un qui ayant une cure dans la montagne de 400 ou 500 livres la quitta à la seule proposition de l'évêque, qui souhaitait ce changement pour le bien des peuples et lui donna en échange un bénéfice de 30 écus. A la vérité, comme il ne suffisait pas pour le nourrir, il lui donnait sa table. Environ un an après la cure d'une ville assez jolie étant venue à vaquer, il la lui donna et nous y avons logé chez lui en allant de Pamiers à

Alet. Mais voyant que son fardeau était bien pesant, quoiqu'il fût gradué et qu'il eût été choisi de l'Évêque pour cela, c'est tout dire, trois ou quatre mois après, il l'a rendue à son collateur et est retourné à celle de la montagne disant qu'un petit troupeau et revenu l'engageaient à moins de compte et d'embarras.

Ç'a été cette cure dont Monsieur son frère l'a remercié, et à son refus il l'a donnée à un bon ecclésiastique bordelais, qui, ayant bien 600 écus de rente, a demeuré néanmoins portier à l'évêché un temps considérable et en est ecclésiastique, lequel il a fait prêtre et curé malgré lui et par injonction de Mgr d'Alet, auquel il en avait appelé. C'est un des plus parfaits qu'ait Mgr de Pamiers, comme il nous l'a dit. Il lui donna les ordres sacrés aux quatre-temps de septembre comme nous y étions et il fait le cinquième, n'y ayant qu'un prêtre, lui sous-diacre, un acolythe, exorciste et portier. Voilà les centaines, quoiqu'il gémisse sous le poids et qu'il eût bien affaire d'une trentaine de bons ouvriers, quoiqu'on crie sans cesse après lui pour avoir des prêtres et que même on lui chante injure. Il en aime mieux peu et bons, que etc... Il nous avait bien donné ordre de lui en chercher et de lui en envoyer. Voulez-vous y aller, nous vous donnerons un billet de recommandation. Il ne conférerait pas les ordres à un chartreux, s'il faut ainsi dire, qu'il ne le connût par lui-même. Il ne reçoit pas les démissoires, pas même à l'examen. Il y aurait bien moins de danger en ce pays là où les peuples sont faits à leur conduite et où les prêtres sont maintenus et n'ont que faire de songer au temporel.

Il n'y a que 2 maisons de filles en son détroit qui lui sont soumises et qui observent pour la réception des filles les règles prescrites au livre de la conduite canonique de l'Église pour l'entrée des monastères.

De ces actions extérieures nous vous laissons à juger de ses sentiments intérieurs qui sont aussi prudents que fermes. Et dans plusieurs entretiens que nous avons eu l'honneur d'avoir ensemble avec lui nous y avons vu une grande solidité et facilité à les énoncer. Il a puisé ses principes dans les vraies sources, dans l'Ecriture, la Tradition, les Pères et les saints. Pour les casuistes on n'en entend point parler. Comme ces gens là n'ont point d'autorité dans l'église, aussi leurs sentiments ne sont point en vénération. La doctrine qu'on y débite soit en chaire, soit aux conférences, soit au séminaire se sent de la source d'où elle est puisée. On y cite plus souvent saint Paul et saint Augustin que Castropalao et Tambourin. Et même sur les autres sciences il nous a témoigné ne pouvoir concevoir comment on enseigne dans les écoles chrétiennes des sciences si profanes et d'une manière si profane, que le modus d'à présent de la traiter était une grande indisposition pour les mœurs, la correction des quelles il nous disait devoir précéder, comme la plus nécessaire, à l'acquisition des autres connaissances. Et sur ce propos nous dit des merveilles s'appuyant sur l'interprétation que saint Augustin fait sur ce verset *Bonitatem et disciplinam et scientiam doce me.*

Ses entretiens ne sont que de Dieu et des voies d'y tendre, de la grandeur de l'Etat ecclésiastique des dangers de la porte pour y entrer, qui est la tonsure. Il serait à souhaiter que cette porte fut aussi bien gardée partout ailleurs, on verrait en peu le clergé se remettre : ce qui le fait n'y admettre que ceux qu'il croit mériter *hic et nunc* le sacerdoce.

Il ne cèle point la vérité aux personnes. Car à un abbé d'une fameuse abbaye en ce canton et qui a donné des cardinaux et des papes et qui est un des présidents aux Etats, bachelier et de grande maison, il parla avec vigueur et lui prouva invinciblement par un passage de saint Thomas, qu'on ne peut désirer l'épiscopat sans péché mortel, ce que cet abbé soutenait. Car, dit saint Thomas, vous le désirez ou pour les avantages temporels, et alors tous accordent que c'est un péché mortel, ou bien pour le salut du prochain et pour lors, ou vous croyez avoir les qualités nécessaires pour, etc., ou non. Si vous le croyez, c'est une présomption qui va jusqu'au péché mortel, si vous ne le croyez pas, c'est une témérité qui n'est pas moins vicieuse.

Sur ce qu'un religieux de son abbaye, célèbre docteur de la

bonne doctrine, qu'il a professée à Toulouse avec l'applaudissement des gens de bien, s'était rendu profès à la Trappe, que nous y avions vu (nous vous en avons amplement entretenu), Mgr nous ordonna d'en dépeindre l'austérité de vie, le silence, la mortification de tout l'homme animal et fit sur ce que nous en disions de belles réflexions bien touchantes à M. l'abbé, qui très probablement ne s'y enfermera pas.

Nous lui avons encore vu pousser fortement ce passage terrible de l'Écriture sainte qui lui avait servi de texte au dernier des entretiens qu'il venait de faire pour finir la retraite : *multi vocati pauci vero electi*, contre un autre abbé de ses parents plus clérical que le précédent, mais après un jésuite, ne croyait pas qu'il y en eut tant de damnés. Et sur ce, Mgr a cité la défense que saint Nilus avait faite pour appuyer contre son patriarche qui le voulait faire rétracter, cette proposition que de 10,000 il ne croyait pas qu'il y en eut un de sauvé.

Nous avons remarqué qu'il a grande affection au bien public auquel il veut qu'on fasse céder le bien particulier voulant qu'on suppute également par rapport à ses moyens la taille etc., qu'on donne son superflu, qu'on partage avec les pauvres leurs nécessités. Il n'admet pas la vénalité des charges, mais bien la solidité et la restitution. Il ne veut pas donner de monitoire que quand il y a perte de 300 livres, en ayant refusé un devant nous pour ce sujet, ne voulant pas rendre méprisable l'autorité de l'Église. D'ailleurs ne retirant point d'argent de la charge d'official, ni de secrétaire, au contraire gageant et nourrissant ces Messieurs, qui aussi ne prennent rien pour leur salaire.

Ce grand désintéressement dans cet évêque a eu tant de force qu'il a rendu presque tous Messieurs les prêtres si dégagés qu'ils passeraient pour très attachés aux biens de la terre s'ils prenaient soin de leurs dimes et temporel, qu'ils donnent à ferme, afin de pouvoir vaquer plus facilement à la méditation et porter leurs peuples au détachement. Et ainsi faisant, souvent ils n'ont pour tous serviteurs, qu'un jeune garçon. Car des servantes, c'est un *nefas*. Il n'y a mé-

me qu'une nièce chez un qu'on souffre avec peine. O bon
Dieu ! où en ce pays ici ?... Comme vous avez plus de lumière vous ferez aussi ces réflexions et plus justement.

Il est tantôt temps que nous partions de Pamiers pour
avancer, puisque ce bon évêque même a pensé souvent à en
sortir pour arriver où il soupire sans cesse. Car c'est un
homme de gémissements, comme nous l'avons vu, et d'oraison où il est des 2 ou 3 heures de suite, et de discipline dont
il use avec cruauté et assaisonne tous ses exercices d'une continuelle pensée de la mort pour laquelle il a déjà ses habits
prêts, et entr'autres une belle mitre de drap gris et a marqué
pour le lieu de sa sépulture le vestibule de la cathédrale.
Car il n'a garde de prendre sa place parmi les saints auxquels
seuls l'église est réservée, dans laquelle pourtant il fait place
ad duriliam cordis, aux fondateurs dans la 2ᵉ partie de la
nef de l'Eglise ; la première étant réservée aux prêtres, la 3ᵉ
pour les insignes bienfaiteurs qui ont fait du bien de leur
vivant et non seulement à l'heure de la mort, comme à Alet.

Nous sommes donc sortis de Pamiers avec la bénédiction
de ce saint homme et injonction de repasser chez lui avant
de revenir en France. Et comme il nous a vu gens à désirer
voir la pratique de ses règlements, il nous a fait descendre
dans les plus basses vallées de son diocèse et monter à l'extrémité de ses montagnes pour y voir Messieurs ses curés,
y visiter leurs églises et conférer avec eux. Et pour cela nous
a dicté notre itinéraire et nous a marqué tous nos pas et nos
gîtes jusqu'à Alet. Et ces bons messieurs ont bien répondu
à l'idée que Mgr leur évêque nous avait donnée d'eux, nous
ayant accueillis avec des bontés très grandes et avec profusion, s'il le faut dire ainsi, parcequ'ils sont fort frugaux et
par vertu et par nécessité même. Ils tuèrent, sinon le veau
gras, parce qu'en ce pays là il n'y a ni veaux ni vaches, au
moins un mouton que nous trouvâmes être le plus excellent
que nous eussions jamais goûté. Ils nous regardaient comme
des gens de bien, aussi en avions-nous la mine avec notre
extérieur, mais la lettre de recommandation opérait bien
plus puissamment !

La première journée, nous arrivâmes à Foix, ville assez agréable et avantagée d'une célèbre maison de chanoines réguliers, qui nous reçurent si bien à cause de l'union qu'ils ont avec Mgr de Pamiers (qui nous avait chargé pour eux de réponses à quelques difficultés qu'il nous avait ordonné d'écrire, que nous protestâmes d'excès et de leur en faire affaire auprès de sa Grandeur !

Ils ont deux enfants de chœur qu'ils élèvent qui sont les plus modestes que nous ayons jamais vus. Nous eûmes l'entretien fort agréable et savant du P. Supérieur qui nous donna le divertissement de la promenade fort agréable qu'ils ont aux portes de la ville où lorsque nous y allions, il nous déduisit une action généreuse que 4 autres avec lui avaient entreprise pour la défense de la vérité, au dépens de leur honneur et du danger de la prison, et qu'ils n'encoururent néanmoins pas par disposition de la Providence divine, qui, voyant leur fermeté, réputa la volonté pour l'effet (1). Nous avions gîté à Ax chez M. l'Archidiacre, que j'ai dit ci-devant avoir quitté, pour retourner aux montagnes. Il avait pour lors trois prêtres sages et capables avec lui. Son église est fort riche en argenterie, et prétend de beaux privilèges. Elle est au fond de la vallée arrosée par trois ruisseaux qui, descendant de trois diverses montagnes, s'unissent en ce lieu et ne faisent qu'un, prennent le nom d'Auriège à cause de son sable d'or qu'on y prend. Ces eaux ont différentes qualités, étant froides, tempérées et chaudes en tel degré qu'elles servent à la lessive, à boulanger et échauder le potage, sur lequel on met un peu de sel et d'huile. M. le recteur y a fait le soir le soir la prière commune et le matin la méditation, qui est la pratique constante, retenant et l'usage et la manière de la faire de l'évêché, en quoi ils sont partout uniformes.

D'Ax, nous avons grimpé à la montagne pour laquelle, quoiqu'on n'y compte qu'une lieue du pays, nous fîmes fort à propos provision de belle-vie pour reprendre le courage

---

(1) C'est qu'ils firent signifier chacun à leur évêque de part laquelle ils avaient signé, des rétractations en forme, desquelles les évêques demandèrent raison au P. Général, qui pensait à les séparer, au temps que la paix fut publiée.

avec l'haleine et nous fûmes depuis déjeuner jusqu'à une heure avant la nuit à en venir à bout. A la vérité la pluie avec quelques détours que nous fimes, ne nous en firent pas faire le chemin plus vite. Nous fûmes surpris de voir sur ces hauts sommets une belle plaine aussi agréable que nos plats pays à la réserve de ces pointes affreuses et escarpées de la montagne qui l'entourent, desquels on voit les nuages se former bien bas. Il n'y a aucun fruit vu la rigueur de l'hiver, la quantité des neiges et la fraicheur de l'air qui y est dans la 2ᵉ région. La rigueur du froid ne gèle pas la charité, ni le zèle de Messieurs les recteurs de ce petit monde séparé, et si la hauteur des neiges leur empêche d'ouvrir les portes pour recevoir leurs hôtes, ils ont des fenêtres aux chambres hautes qui leur servent et par où ils sortent pour aller à l'église, comme l'a fait M. le Recteur de Prades, qui nous a édifiés par la tendresse qu'il a pour ses paroissiens presque toujours pauvres, n'ayant que quelques grains de millet, lentilles et légumes qu'ils descendent aux plaines des deux côtés de la montagne et échangent avec du vin qu'ils apportent en des peaux de bouc. Ils jettent aussi de la cime de leurs montagnes dans les rivières qui sont au pied, des bois dont ils ont en abondance, aussi bien que de marbre dont la nature a paré leurs sentiers, qui, à cause de la politesse qu'il reçoit par les pièces de bois qui coulent dessus, donne une nouvelle difficulté de pouvoir marcher étant toujours en danger de glisser en un lieu où les faux pas ne sont pas de légères chutes à cause des précipices effroyables qui sont autour. Cette petite plaine est partagée par les 2 diocèses de Pamiers et d'Alet et les prêtres de ce lieu ayant la même règle, ont aussi la même conduite et aucune circonstance des lieux ni des personnes ne leur fait diminuer en rien de leur exactitude. On a fait quitter à ces farouches la dague durant nos mystères, on les rend capables de se voir refusés à l'absolution et réduits à de sérieuses et publiques pénitences. Ce n'a pas été sans que les recteurs se soient exposés à cent dangers. On les a attendus à la porte de l'église pour les tuer, on en a poursuivis d'autres plus d'une demi heure avec injures, leur maison ne leur a point été si sûre qu'ils ne s'y soient vus le pistolet à la gorge pour dire *Pax ubi non erat pax*. Leur prudence leur a fait esquiver la mort, leur zèle les a rendus inébranlables, si bien qu'ils empêchent présentement le mal. Et ces demi-hommes se sont apprivoisés par leurs vertus et par les fréquentes visites de leurs évêques qui les premiers sont montés chez eux comme les martyrs sur les échafauds, comme dom Barthélemy des Martyrs chez ce misérable qui tenait le fort dans une église. Et lorsque la force n'a plus été de saison, le poison qu'on présenta à Mgr de Pamiers a pris la place. Mais enfin ils sont devenus capables de discipline, bien plus sans comparaison que ceux de ces provinces dont le naturel plus doux est aussi plus lâche. Nous avons assisté à l'office en ces plus hautes paroisses de France.

Ce n'est pas qu'il n'y ait encore un petit coin de 3 ou 4 paroisses plus haut nommé le Capsir, mais comme il est gouverné par quelques curés espagnols, quoique diocésains d'Alet, et que le peuple y est tout espagnol encore à présent qu'il reconnait le roi de France pour souverain depuis la paix, on ne le dit point être de ce royaume, dont ils n'agréent nullement la domination et ne reçoivent qu'à contre cœur les impôts qui nous sont ordinaires. Ce qui fit tuer, comme nous étions à Alet, un de nos commis par un de ce pays, à qui quelqu'un voyant 2 mousquets, savoir le sien et celui du commis qu'il avait mené à la chasse, et ayant demandé à qui l'un était, il répondit avec une gravité espagnole qu'il venait de *matar un gavache*, c'est-à-dire de tuer un coquin de français ; c'est le titre dont ils nous honorent.

O mon Dieu, que feraient en ces rochers Messieurs nos ecclésiastiques qui aiment tant la paix et qui ne se veulent pas faire d'affaires ! Nous vous avouons qu'il faut être mort, ou avoir envie de mourir bientôt pour s'aller cantonner en ce pays d'ours et de loups où les premiers suivent les habitants par leurs passepasses et se nourrissent de leur viande quand ils les peuvent attraper.

Puisque nous sommes montés si haut, il faut que nous

vous disions un plaisant trait qui s'est passé dans cette presque 3ᵉ région de l'air. Nous l'avons su d'un des messieurs les recteurs du lieu qui pour ses éminentes vertus et qualités a été longtemps official d'Alet et planté sur ces rochers pour tenir tout en bride et avoir l'œil à tout. Vous verrez de là la douceur du naturel de ces bonnes gens tout couverts de fer et d'armes. Ce bon recteur étant un des missionnaires et avec quelque intendance sur les autres, fut abordé par quelqu'un de ces Capsirois qui, sachant sa qualité, vint lui faire de grandes plaintes de son recteur, de la prudence duquel on ne doutait point, sur ce qu'il lui avait refusé l'absolution. Ce sage official entrant entièrement dans ses sentiments et lui compatissant, découvrit avec adresse toute l'affaire ; il lui avoua que c'avait été pour meurtres, mais qu'il se moquait de lui, que pour la première fois qu'il l'avait refusée, il lui pardonnait, car il tombait d'accord d'avoir péché, ayant tué 13 hommes ; mais qu'ayant eu charge de s'amender, il lui avait promis l'absolution s'il le faisait, et que cependant après l'avoir fait, il ne la voulait pas accorder ; et il prouvait invinciblement qu'il l'avait fait, parce que depuis ce refus jusqu'à présent il n'en avait tué que 6 et s'était amendé de plus moitié. Hé bien, que direz-vous de cette conversion, lui auriez-vous donné l'absolution ? Beaucoup d'autres l'auraient fait. Et ne le fait-on pas tous les jours dans d'autres habitudes aussi criminelles devant Dieu ? Pourvu qu'on n'en réitère pas si souvent les actes, on s'imagine que c'est beaucoup faire. Mais que ne peut point faire avec la grâce, un évêque, et des prêtres tout à Dieu ? Ces mêmes gens, comme on nous l'a appris à Alet, ont fait des pénitences publiques et ç'a été un jésuite de Carcassonne aimé de Mgr pour son mérite, pour lors missionnaire, qui l'a commencé en ce lieu et on peut dire avec quelques circonstances un peu trop rigides : pourpoint bas, la torche au poing à la porte de l'église, ce que ne prétendait pas Mgr d'Alet.

Ces Capsirois étant un jour appelés par Mgr d'Alet pour traduire des prisons de son château de campagne, qui est très fort, un célèbre prisonnier, (juge-mage, lieutenant général et plus à une ville voisine, qui avait épousé la fille du premier président du parlement de Toulouse, avait pour lui toute la noblesse et les gens de justice, en étant le chef par sa qualité de juge-mage et par ce moyen avait ruiné le diocèse d'Alet et les pays voisins, et pour cela à la sollicitation de Mgr d'Alet était saisi par 100 hommes d'armes qui étaient les gardes de M. le prince de Conti, qui en qualité de gouverneur du Languedoc poussait cet homme et le voulait faire conduire à Montpellier comme dans un lieu plus fort que ce château qui fut assiégé par la noblesse, qui dans un convoi que Mgr faisait faire pour ces gardes assiégés, tua de ses gens et le cheval sur lequel était son viguier qui conduisait le convoi)... ces Capsirois descendirent environ 4 ou 500 avec une joie indicible de pouvoir témoigner à leur bon pasteur leur reconnaissance et avec résolution de mourir comme pour la foi. Et tout le long du chemin prenaient d'eux-mêmes quelque temps pour dire leurs chapelets et autres prières vocales et au soir quand ils arrivaient aux hotelleries chaque troupe faisait les prières communes avec une piété tout à fait édifiante.

Vous ne trouverez pas mauvais si nous faisons quelques digressions en ces rencontres si agréables, car en marchant nous en faisions souvent pour semblables sujets.

Ce bon curé et official qui nous a fait part de ceci a quantité de drogues chez lui, et entend assez les distribuer aux malades. Nous avons continué à voir chez lui tout ce qui se fait par tous ces diocèses. Les places des hommes séparées dans les églises de celles des femmes, qui sont derrière les hommes sur des bancs uniformes plus bas de demi pied que ceux des hommes qui sont hauts de 2 pieds et demi. Ce sont des bancs en long et en travers de 2 pieds. Le même dans les processions et à l'offrande, les femmes ne vont qu'après les hommes. Il y a déjà plusieurs femmes un peu de qualité et dames de paroisses qui le font. Et Mgr d'Alet est dans la résolution de le faire faire à toutes. Nous avons aussi admiré leur uniformité dans leur situation, c'est-à-dire qu'ils sont tous ponctuels à être assis, debout et à genoux à certaines parties de la messe. Debout v. g. aux Evangiles et à la préface. Et on a si bien observé cela qu'une fois M. le prince de Conti étant à la cathédrale à genoux lorsqu'on était assis, à quoi il ne prenait pas garde, fut prié par le portier en office et surplis de se conformer aux autres ce qu'il fit fort humblement.

Un curé du diocèse envoya prier un officier passant qui était accoudé de se tenir droit comme les autres. Ce curé a pris tel ascendant sur ses paroissiens qu'il leur fait rendre publiquement raison de leur absence au service quand ils y manquent. Outre ces bancs il y en a un autre à dos élevé de 4 ou 5 pieds pour les consuls et encore un autre plus grand et fermé pour le seigneur et fondateur devant tous les autres, immédiatement proche le chœur, dans lequel il n'y en a point. Et cela est si vrai qu'on n'y a pas fait place à la cathédrale à des présidents et conseillers de Toulouse, ni à M. de Brienne, ni à M. le prince de Conti, tout prince et gouverneur qu'il était, le chœur étant uniquement réservé pour les ecclésiastiques et en surplis seulement. Ce bon curé qui est seul pour gouverner sa paroisse, comme presque par tout le diocèse (quelques uns d'eux qui sont chargés de leur cure et annexe, étant obligés de dire 2 fois la messe fêtes et dimanches, les habitants de ces différents lieux ne se pouvant trouver au principal), afin de n'être pas accablé certaines fêtes du grand nombre des pénitents et de pouvoir faire l'office plus librement, partage sa paroisse en plusieurs quartiers et à chaque quartier leur assigne une semaine et à chaque famille du quartier certain jour de la semaine. Ainsi faisant, il n'est pas accablé, ni les pénitents n'ont pas sujet de s'impatienter. Ce qui leur est d'autant plus facile que toutes les maisons habitées dans ces lieux sont dans des bourgs, car si elles étaient ça et là comme ici, la faim, le froid et la neige les ferait périr sans qu'on les put nourrir, et particulièrement l'hiver qu'ils n'ont rien à faire à cause des neiges. Quant à la Pâque, dans la quinzaine (et les dimanches ceux qui sont confessés dans la semaine, il ne fait, non plus que tous les autres, que les réconcilier, rejetant après Pâques ceux qui ne se seraient pas confessés dans le carême pour se mieux préparer par la pénitence et les jeûnes à la Communion pascale.

Il nous a fait voir aussi un papier qu'il appelle l'état des âmes que chaque recteur a, où ils mettent toutes les bonnes et mauvaises qualités de chaque personne grande ou petite de leur détroit, qu'ils savent par voie extérieure. Ce qui leur est facile, faisant exactement tous les ans la visite de toutes les maisons et interrogeant tous les particuliers et voisins, ce qui leur donne une connaissance plus certaine des consciences que les confessions mêmes, de façon qu'on ne les saurait tromper après cela. Ce qui fait que rarement un prêtre confesse en autre lieu que le sien, sinon pour de grandes raisons comme au jubilé, mission ou maladie du propre recteur : et en ce cas on lui dit la note qui est dans ce livre. Et si un paroissien demande un autre confesseur, ou permission d'aller a d'autres qu'à son curé, si c'est un pécheur public, on ne lui accorde pas qu'il n'ait auparavant fait pénitence publique, s'il n'est pas public, on l'adresse à certains prêtres avec lesquels on a liaison et desquels on est assuré et qui observent ordinairement d'être beaucoup plus rigides et exacts que ne le serait son propre curé, afin que les choses se fassent plus dans l'ordre établi de Dieu. Et il faut le billet du confesseur, sans quoi on ne serait point reçu à la communion. Si l'on avait cette union et cette déférence les uns pour les autres et cette juste sévérité pour les pécheurs, on ferait cesser bien des scandales. Et d'abord qu'ils arrivent en leurs bénéfices, comme ils ne savent pas de quel bois les personnes se chauffent, ils les écoutent deux ou trois fois à la confession avant de les communier. Ils font de même à l'égard de tous ceux qu'ils n'ont pas coutume d'entendre. Et un des plus expérimentés confesseurs du diocèse nous a dit qu'il absolvait beaucoup moins les années suivantes que les premières pour cette raison.

Le 30 septembre nous descendîmes à Quillan, ville assez jolie dont le nom est assez célèbre par les affaires que les Jacobins et le curé de ce lieu ont faites à M. d'Alet. M. le vicaire Turège, homme fort sérieux et recueilli, bien savant et qui a été longtemps directeur de Mgr de Pamiers, nous a reçus avec une grande cordialité, sans boire pourtant à notre santé : cette belle pratique étant entièrement abolie dans ces diocèses. Dans l'église de ce lieu nous avons vu de beaux fonts baptismaux, dont en ces pays on a une singulière vénération, étant propres, ornés, bien clos et souvent enfermés dans quelque chapelle. Nous y avons aussi vu le même tableau qu'en toutes les autres églises. Mgr d'Alet ayant fait mettre à tous les tableaux des grands autels de beaux grands crucifix bien peints et uniformes en ce point et dans la construction du chœur, arrangement des bancs etc, si bien qu'on ne trouverait pas plus de rapport entre les églises des capucins qu'il y en a en presque toutes les églises de ce diocèse.

Nous n'y avons vu que très peu de figures, Mgr préférant la peinture laquelle, quoiqu'elle perde son éclat par la longueur des temps, n'est pas néanmoins si ridicule comme sont ces statues mutilées et rompues, plus capables d'exciter le ris que de donner de la dévotion. Il y a aussi peu d'autels en chaque paroisse, qui soient consacrés, à proportion du petit nombre des prêtres. Au reste elles sont assez bien ornées et ne manquent d'aucune des choses nécessaires. Partout il y a des calices d'argent, des voiles sur les tabernacles et des lampes allumées. On y porte le Saint-Sacrement avec respect, flambeaux et chapes, comme aussi on a toujours l'étole pour le sacrement de pénitence dont les tribunaux sont réglément à la porte. Ils ont retenu l'usage de baptiser les enfants tout nus.

Nous avons vu par expérience ces choses que nous a apprises ce bon vicaire qui gouverne cette ville, (le curé étant en interdit depuis plusieurs années ; et même avant notre départ un autre très capable avait pris possession de son bénéfice). Nous partîmes le 1ᵉʳ octobre de Quillan et vinmes à Alet où n'ayant point trouvé Mgr, nous logeâmes au séminaire dont le directeur nous reçut et 6 jours après nous revînmes à Quillan faire la révérence à Mgr, qui devait être encore 8 jours dans sa course avant de revenir à sa ville. Quoique ce prélat soit fort sérieux et ait une mine sévère à peu près comme Saint-Charles, (aussi bien on le dit en être un second pour sa fermeté et exactitude dans la discipline ecclésiastique,) il s'ouvrit tout-à fait à nous et nous embrassa avec cordialité et lut avec beaucoup de joie la lettre de Mgr notre évêque qui lui demandait permission pour nous de nous instruire auprès de lui quelque temps, et nous donna environ une heure de sa conversation avant et après le repas qu'il nous fit l'honneur de prendre à sa table fort frugale. Ensuite nous sommes venus à Alet l'attendre où il vint 8 jours après.

C'est un prélat fort recueilli et pour cela a presque toujours les yeux fermés à table même, mais surtout quand il parle aux personnes du sexe auxquelles il ne prête que son oreille étant à demi courbé et appuyé sur son bâton. Il n'est pas plus somptueux en habits que Mgr de Pamiers, sa robe de chambre étant rhabillée aux épaules et au derrière. Il a pourtant quelque tapisserie fort simple. Son écurie est mieux équipée pour la bonté des mulets ; mais sa table est plus frugale, n'y ayant ordinairement que du mouton et quelque volaille, n'ayant pas commodité d'avoir du bœuf, veau, beurre, poisson, marée, comme on le peut quelquefois à Pamiers. Entre ses officiers il n'a point de boulanger, mais a toujours à sa table M. son viguier (c'est le nom de celui qui rend en son nom la justice, étant comte d'Alet et seigneur d'une bonne partie du diocèse, ce viguier est un gentilhomme autrefois procureur du roi à Saintes, capable dans sa profession, qui dans l'esprit de pénitence s'en étant venu à pied à Alet, la fit quelques années en ce lieu s'exerçant aux fonctions les plus basses ; ensuite de quoi il succéda à l'ancien viguier et en exerce l'office avec autant de piété que de capacité. Il a rendu des services inconcevables à Mgr dans toutes ses grandes affaires et s'est exposé souvent au danger de perdre la vie, ayant eu son cheval tué sous lui, d'autres fois s'étant échappé de nuit et à pied etc., quoiqu'il n'ait point de gages, il rend la justice pour rien.

Pour ce qui regarde les autres officiers, les meubles, écuries, emplois de biens, séminaires etc, vous vous souviendrez, s'il vous plait, de ce que nous en avons dit de Pamiers, étant la même chose, néanmoins pour vous faire voir notre exactitude, nous vous dirons.

Que Mgr a chez lui M. l'archidiacre qui a tout le soin des écoles et l'intendance sur le temporel. Il y a 25 ans qu'il est à Alet. M. son cousin qui porte le même nom, Ragot, est promoteur. Il est présentement à Tournai avec l'évêque du lieu, auparavant évêque de Comminges. C'est un homme tout de feu, comme on le voit et aux factums et à la poursuite des procès que Mgr d'Alet a soutenus et il a toujours été à Paris durant notre séjour dans les montagnes. Il y a M. le secrétaire et aumônier, homme d'érudition et plus vigoureux d'esprit que de corps et un ecclésiastique qui préside à la basse famille ; M. le grand vicaire n'ayant plus demeuré à la maison épiscopale depuis qu'il est archiprêtre et curé de la ville. C'est un grand canoniste, homme de bien, fort simple qui s'en est venu en ce diocèse avec Mgr d'Alet. Il a M. son neveu chanoine avec lui, qui est un homme fort pieux et même savant.

Le directeur de son séminaire est le théologal, qui prêche bien et a souvent fait les leçons théologales, il est de Paris. Il gouverne seul le séminaire. Il enseigne la théologie française, dont le Rituel fait une partie, le décalogue le traitant de même sorte. Il est très ponctuel, fort mortifié, homme de grande abstinence, et très réservé et pour cela plus propre à la vie de la Trappe, que nous avons vue à notre retour et où ce directeur est des plus fervents novices. Il quitta Alet le mercredi des 4 temps de décembre environ 7 semaines après notre arrivée, un beau matin, sans en parler à Mgr d'Alet dans la crainte qu'il avait que ce prélat ne l'arrêtât, n'ayant pour lors personne qui put prendre sa place, laquelle ne l'a point été depuis jusqu'à la Toussaint, ce qui nous a fait partir plus tôt que nous ne pensions, notre dessein étant d'y passer le Carême.

Ce fut dans cette perte que nous fîmes expérience de la résignation de ce bon prélat à la volonté de Dieu. Car quoiqu'il se vît obligé de congédier les séminaristes et par conséquent de ne pouvoir fournir de prêtres dont il avait tant besoin il dit à nous trois : « Le bon Dieu soit béni, nous ne méritons pas de posséder un si homme de bien ; le bon Dieu y pourvoira s'il lui plaît. » Et lorsqu'on lui parlait de la manière dont ce M. s'était retiré, ce qui n'était pas approuvé de tout le monde il disait : « Quis accusabit adversus electos Dei ? » sans s'émouvoir, ni sans le blâmer en aucune façon. Ce fut nous qui lui fîmes soupçonner les premiers qu'il était venu à la Trappe, et qui lui en mandâmes en repassant à Bordeaux les conjectures ou plutôt les preuves certaines que nous en apprîmes de M. l'abbé de Chéron.

Il y a aussi dans ce séminaire un M^r laïc, autrefois avocat au Parlement qui avait grande habitude avec M^r l'abbé Girard et ces M^{rs}, que l'on croit devoir être official. Cette charge n'étant point remplie depuis que Mr Bonadona est curé. C'est un homme de 33 à 34 ans bien retiré et modeste, fort savant dans l'écriture et lecture des Pères et même dans le droit canon, qui a quitté son diocèse à cause de la persécution que son évèque faisait aux gens de bien pour les affaires du temps. Il compose avec M. le viguier beaucoup de questions dans les visites de Mgr ou au Jubilé.

Le séminaire est séparé de l'Evéché qui ne l'aurait pu contenir à cause de sa petitesse. Il est assez joli, soit pour le jardin, soit pour être à l'écart, soit pour les bâtiments ; les chambres en sont commodes. Il comprend le bâtiment qu'on avait fait pour loger les hôtes, autrefois il y avait un dortoir commun et point de chambres. Cependant l'expérience a fait voir que cette dernière manière était préférable à la première. Le nombre des séminaristes ne passait pas celui de 7 ; ce diocèse étant aussi infertile en esprits comme en fruits ; la nourriture y est frugale, le pain et le vin y sont bons et en suffisante quantité, la portion des viandes doit être de 4 onces ; cependant, très souvent elle ne l'était que de 2 ou 3 ; elle a été autrefois si petite que M. l'Official nous a dit que comme on la laissait sur le potage, un séminariste l'avala dans une cuillerée de potage. La chaleur du pays y contribue. L'été ils ont des salades. On n'y mange que du mouton ; les jours maigres que peu de légumes qui, cuisant assez bien, ne sont pas indigestes, ne pouvant avoir ni marée, ni poisson. On ne se sert que d'huile. Pour fruits on a des fruits et raisins qui se conservent presque toute l'année. Les jours de jeûne on se met à table après sexte qu'on commence après midi. Les exercices du séminaire sont dans les règlements comme de travailler tous les jours une demi-heure de travail corporel et autres en esprit de pénitence.

L'emploi du revenu sert à entretenir le séminaire et entr'autre encore à faire subsister la communauté de filles qui est à Alet. Mgr d'Alet voyant une ignorance crasse surtout dans les personnes du sexe plus timides pour leur état et plus difficiles à instruire et qui, quelque soin qu'il eût de leur faire faire le prône, catéchisme etc., il ne pouvait leur donner les teintures nécessaires des vérités qu'elles devaient savoir, après avoir tenté toutes sortes de voies, eut recours à assembler quelques filles généreuses qui, se donnant entièrement à Dieu et au prochain, voulurent bien s'unir sous sa direction et faire un petit corps de communauté pour s'entr'aider et y former des filles à la régence, ce qui a si bien réussi que Mgr d'Alet en a tiré des régentes fixes pour tous les grands lieux de son diocèse, où faisant les petites écoles et montrant aux filles à lire, écrire et faire plusieurs autres ouvrages, elles ont occasion de les instruire et même les mères qui s'assemblent à certains jours dans leurs écoles pour y écouter leurs instructions ; et pour les petits lieux, comme sont les annexes, il a toujours dans cette communauté un ou plusieurs camps volants qu'il envoie tous les ans de côté et d'autre, deux à deux, huit mois de l'année pour y faire les mêmes fonctions, et plus, que les régentes fixes. Là elles instruisent toutes les femmes et filles, elles les visitent toutes et leur donnent toutes les assistances nécessaires. Elles accordent les différends. Elles sont soutenues de MM. les curés pour lesquels elles ont un respect singulier, ne faisant jamais rien dans l'église, n'en blanchissant pas même le linge, crainte de familiarité. On ne peut pas concevoir le fruit que ces filles ont fait et on ne peut rien ajouter à la prudence avec laquelle on a concerté leur règlement et prévu à tous les inconvénients. Il y a parmi elles plusieurs filles de qualité et des plus nobles du diocèse vêtues fort simplement. Elles reviennent les 4 mois d'été se rafraîchir à Alet et préparer pour retourner de nouveau.

Ce grand prélat n'a pas fait comme quelques, évêques qui croyant ne pouvoir venir à bout de régler les ecclésiastiques se sont appliqués à des religieuses. Car le soin qu'il a eu pour perfectionner ces filles, qui ne font aucun vœu, ne diminue en rien celui qu'il a cru devoir prendre pour régler les prêtres de la bonne ou mauvaise vie desquels dépend tout l'ordre ou le désordre d'un diocèse ; quelque opposition qn'il ait, quelque effort qu'on ait fait contre lui, il semble que tous les démons fussent déchaînés contre lui, comme on voit dans les pièces justificatives [*du procès?*] qu'il a eu, dans ce fameux arrêt contre son grand doyen et quelques chanoines de sa cathédrale, contre quelques uns de ses curés les plus savants et les mieux accomodés, contre quelques autres prêtres, contre les Jacobins et les Augustins, contre la moitié de la noblesse, contre les marchands, les femmes, contre des villes entières, contre sa ville même épiscopale dont il est le seigneur. Il n'a pourtant jamais démordu. Les violences qu'on lui a faites, les hommes armés tout de fer qu'on a trouvés en sentinelle à la porte de son palais, le meurtre de ses gens, l'emprisonnement de ses meilleurs ecclésiastiques, le feu mis à la porte d'une maison où il était enfermé, n'ont servi qu'à l'assurer et il n'a jamais été plus hardi que lorsqu'il a eu le plus sujet de tout craindre... n'a-t-il pas vu gronder contre lui Rome et la France ? n'a-t-il pas soutenu de pied ferme les intrigues puissantes d'une communauté fameuse ? n'a-t-il pas été cité par son archevêque qu'une mort précipitée a enlevé en 2 ou 3 jours, le même jour que Mgr d'Alet devait répondre devant lui ? (1) Combien [de fois]

---

(1) *En marge :* un ecclésiastique de M. d'Alet dit au prêtre qui vint ajourner Mgr que Dieu pourrait bien citer l'Archevêque même devant lui, ce qui arriva en effet. C'est pourquoi, M. le Cardinal Mazarin qui était à Toulouse avec le roi, dit qu'il ne voulait point avoir de démêlé avec M. d'Alet qui fait mourir les gens, à ceux qui le voulaient animer contre ce prélat de ce qu'il ne l'était pas venu voir, quoique la reine, qui appréhendait qu'on ne lui en fit une affaire l'en eût fait avertir ; ce qu'il ne voulait pas faire, crainte, disait-il, que dans l'entretien que j'aurais avec M. le Cardinal, je fusse obligé de lui dire des vérités qu'il ne voudrait pas entendre et de lui remontrer la nécessité de ces diocésains, qu'assurément il ne pouvait goûter. Ce qu'il fit néanmoins mais M. le Cardinal parla presque toujours, crainte qu'il ne lui dit de gros mots.

a-t-il été prêt de marcher en exil, de se voir séparer de son troupeau auquel il s'est entièrement dévoué depuis plus de 30 ans ? On ne peut s'imaginer la constance que ces Messieurs nous ont dit qu'il a fait paraître en toutes ces rencontres fâcheuses. A la vérité, il espérait toujours en voir la fin. Il disait qu'il fallait avoir recours à Dieu, qu'il ne se fallait épouvanter de rien. Il n'a jamais voulu faire seulement un pas quoiqu'on l'assurât que sa seule présence à Paris et devant le roi (1) serait capable d'arrêter le cours de la persécution qu'on faisait souffrir à tant d'âmes innocentes. Il disait qu'il ne fallait rien précipiter, qu'il ne s'était jamais repenti d'avoir attendu, que les affaires n'iraient pas si vite, qu'il ne craignait non plus que ce bois qu'il touchait. M. le Directeur nous a dit qu'ils étaient tout consternés de peur, qu'il n'y avait que lui qui fut gai et qu'il disait qu'il n'en voulait pas dormir une demi-heure moins. Il avait bien raison, car Dieu l'a fait triompher avec éclat de tous ses adversaires.

Ce généreux évêque a d'abord commencé, comme nous l'avons su de M. l'archidiacre, par rouler en esprit et chercher des moyens pour mettre quelque ordre parmi son clergé qui était déréglé et si peu accoutumé à la discipline ecclésiastique, les évêques précédents n'ayant point ou peu résidé et ce dans un château à la campagne aux portes d'une ville assez jolie qui est du diocèse de Narbonne, pour y voir des hommes, etc., etc...

A la vérité Alet est un lieu dans le fond de la vallée des monts Pyrénées où il n'y a que très peu d'habitants, tous pauvres. C'est une ville si garnie, qu'il n'y a ni voie, ni médecin. Vis-à-vis le séminaire dans la plus belle rue, il y a un troupeau de moutons et de chèvres, un peu plus bas un haras de mulets etc. Mais voyant le mal si grand qu'il ne pouvait souffrir les remèdes, il se contenta, après ses

---

(1) *En marge* : qui l'approuve si fort qu'ayant ouï dire qu'il venait à Paris poursuivre ses procès, il lui manda qu'il ne se donnât pas la peine d'y venir, qu'il ferait solliciter pour lui. Aussi n'y pensait-il pas, il aime trop sa résidence. On dit même que le roi répondit à ceux qui l'exhortaient à pousser à bout cet évêque pour le Jansénisme, qu'il ne voulait point avoir affaire avec des Saints.

oraisons et ses prières de gémir devant Dieu et de lui représenter le misérable état où était son Eglise. Et après quelques années il crut voir quelque jour, et trouva quelques
gens de bonne volonté, mais qui à l'occasion lui manquaient,
si bien qu'il fut quatorze ans sans pouvoir avancer. Ce n'est
pas qu'il ne vît pas quelque changement extérieur qu'il avait
gagné par les missions que lui avaient aidé à faire les jésuites,
desquels il s'est séparé lorsqu'ils ont voulu se conduire à
leur mode et par des principes différents des siens. On dit
pourtant que ces missionnaires ont conservé pour lui tout le
respect, comme il a fait pour eux son amitié, et que même ils
ont crié contre leurs confrères lorsqu'ils déchirent ce saint
Evêque.

Et après ce temps il mit tout en œuvre. Il fit un séminaire
où il ne tenait d'abord ceux qui y entraient que trois mois
en chaque ordre et ensuite il les faisait demeurer en ville, et
venaient à l'explication de la morale qu'on faisait dans l'évêché. C'était M. Bonal qui y a demeuré douze ans. Dans le
livre duquel on a inséré à son insu quelques propositions
trop larges, comme il s'en est plaint à M. l'Archidiacre, lui
témoignant qu'à la première édition il les ferait ôter.

Il eut des gens de bien autant qu'il en put trouver, il fit
faire les exercices et les retraites à son séminaire, à tous les
ecclésiastiques de son diocèse. Mais comme la plupart y
venaient ou de force ou par hypocrisie, il n'en recueillait pas
le fruit qu'il en avait dû justement attendre. Cependant il lui
venait de temps en temps des gens de bien de France et des
diocèses circonvoisins ; il en gagna même de ceux qui étaient
déjà pourvus, si bien que petit à petit il a porté les choses au
point de perfection où on les voit maintenant.

Un des moyens qui lui ont mieux réussi sont les petites
écoles qu'il a tâché d'abord de bien régler et pour cela il a eu
des arrêts portant défense à qui que ce fût. d'enseigner la
jeunesse que par ordre de l'Evêque. Il en a eu d'autres portant injonction aux grands lieux de fournir à la subsistance
des régents. Si bien que d'un côté il a trouvé moyen d'entretenir de jeunes garçons qu'il a pêchés partout et qui étant

étrangers lui étaient plus soumis et unis, lesquels après les avoir rendus capables de ces emplois, choisissaient d'entre leur jeunesse les écoliers de la meilleure espérance que Mgr, après les avoir demandés à leurs parents, auxquels il promettait de les décharger du soin de leur subsistance, faisait séparer d'avec les autres et en confiait l'éducation à ceux d'entre messieurs les recteurs dont la piété et le savoir lui donnaient sujet de s'en reposer en eux ; si bien que les enfants s'instruisaient autant en les bonnes mœurs par les bons exemples de ces messieurs chez qui ils étaient nourris et servaient de clercs pour les sacrements, sans surplis néanmoins, qu'ils eussent pu faire dans les sciences par leurs instructions. Quand ils étaient grands ils venaient dans le séminaire où ils se perfectionnaient et allaient ensuite faire l'école comme on la leur avait faite et dans cet exercice ils étaient (comme cela s'est toujours pratiqué depuis) sous la conduite de MM. les curés et demeuraient avec eux leur payant pension sur la contribution des lieux ou aux dépens de Mgr d'Alet qui suppléait à tout. Et après avoir fait l'école 1, 2, 3... 12 ans, selon qu'ils s'étaient fortifiés dans la vertu et devenus fermes, ils étaient appelés pour venir au séminaire prendre la dernière teinture et y étudier la théologie et se rendre capables de toutes les fonctions du sacerdoce, ensuite de quoi ils étaient envoyés, comme encore à présent, où le bon évêque jugeait à propos, sans choix, sans vouloir. Ils recevaient à neuf heures du soir ordre pour partir le lendemain à cinq heures, mais toujours dans les lieux où ils n'avaient ni parents, ni amis afin d'y pouvoir exercer leur ministère avec plus de désintéressement et de facilité.

De sorte que vous voyez que le règlement des écoles a produit deux grands fruits : l'un qui a donné de bons maîtres d'école et de bons ecclésiastiques, l'autre qu'il a inspiré la piété à tous les jeunes enfants du diocèse qui devenant grands sont à présent hommes et bons chrétiens. Car on a eu bien soin de les cultiver par les autres moyens dont nous vous entretiendrons.

La manière de faire l'école, les petites règles, tant pour les maîtres, parents et écoliers, sont fort jolies et bien prudentes. Vous y verrez qu'on n'y fait point composer les enfants pour les places, ni disputer, crainte de leur fournir de nouvelles matières de faire croître l'orgueil qui est si naturel à l'homme. On les tient dans une grande modestie à l'Eglise, et dehors dans un grand éloignement des filles, auxquelles on inspire d'ailleurs un grand éloignement de la compagnie des garçons. Ces écoles sont si chères à Mgr que, non content de prier MM. les recteurs d'y faire visite trois fois la semaine, il y va lui-même et s'il y a quelque désordre, il prend la peine de les châtier. Un petit gentilhomme de l'école d'Alet, ayant été dans une danse, sans danser, mais où il avait baisé, fut obligé de faire dans l'école la pénitence publique, c'est-à-dire demander pardon du mauvais exemple etc., d'y être fustigé, de prier les autres d'intercéder pour lui auprès de Dieu, disant tous le *Miserere,* ce que le prélat fit faire en sa présence.

Un autre excellent moyen que Dieu inspira à ce saint Evêque pour perfectionner les prêtres qui étaient dans l'administration des sacrements avant l'érection des séminaires, et même pour entretenir dans l'amour de l'étude ceux qui y avaient passé, auxquels en sortant on donne des Bibles, Rituels et autres livres de piété, fut d'établir des conférences qu'il a d'abord fait diversement, et l'expérience lui a appris que la meilleure manière de les faire est celle dont il se sert il y a déjà quelques années. Il a divisé son diocèse en huit cantons en chacun desquels il assigne la conférence, si bien que tous les ecclésiastiques les plus proches s'y assemblent et comme ils n'en sont pas éloignés, ils peuvent après leur messe déjeuner chez eux et y retourner souper, car pour obvier aux désordres et aux scandales que pourraient causer les repas qu'on ferait au lieu de la conférence, on les a retranchés partout tout à fait, seulement à Alet ceux qui veulent venir dîner à la table de Mgr ou au séminaire, sont les bien venus. On a néanmoins soin de tenir prêt un flacon de vin et quelque dessert pour ceux qui après la conférence auraient besoin de quelque collation ; si on avait des affaires cléricales on pourrait coucher chez Mgr ou au séminaire. Tous sont obligés de se trouver au lieu qu'on leur a assigné et au jour, sans une excuse valable, comme de maladie propre ou danger de quelque malade.

Ces conférences se tiennent tous les mois sans manquer, en tous les lieux où la neige n'empêche pas de pénétrer. C'est ordinairement le premier lundi de chaque mois qu'elles se commencent à Quillan, ou si le temps est trop incommode, on différera la conférence au lendemain, et, si l'incommodité continue, à la huitaine, on excepte toujours les fêtes et dimanches. Le mardi en autre lieu et ainsi des jours et lieux suivants. Si bien qu'une même personne comme Mgr (ce qu'il ne manque point tous les ans au moins deux fois) ou son grand vicaire ou quelque autre personne de poids et de mérite peut présider à toutes les unes après les autres ou y assister, excepté à la dernière qui se fait à Saint-Paul, le mardi, même jour qu'à Alet, et les distances des lieux sont telles qu'on les peut faire à cheval depuis la fin de la conférence d'aujourd'hui jusqu'au commencement de celle de demain. En passant par la Saintonge, on nous dit qu'il n'y avait point de jours dans le mois qu'on n'en fît, le diocèse étant bien plus grand. On la commence précisément à midi, et on la finit à deux heures, après quoi on s'en peut retourner, même en hiver : l'été les jours étant plus courts et plus longs l'hiver d'une demie heure, vu leur proximité de la ligne méridionale. Le lieu est partout une chapelle de l'Église paroissiale ou la chapelle de l'Evêché. Le président est dans un fauteuil et MM. les ecclésiastiques dans le rang de leurs titres et réception. Les curés les premiers tout autour sur des bancelles sans y admettre aucun laïc. Les chanoines de la cathédrale y peuvent assister, les séminaristes ne manquent point à celle d'Alet. Après le *Veni sancte* le président interroge et prie civilement v. g. : « M. le recteur d'un tel endroit vous plaît-il nous dire ce que c'est etc... » mettant la main au chapeau, et le répondant, se recouvre incontinent et s'assit... si ce n'est pas Mgr, mais si c'est lui il, *(sic)* etc.

La matière de ces conférences c'est tout ce que l'on doit

savoir de la théologie morale, de toutes les vertus contre les vices, de la discipline ecclésiastique, conduite du peuple etc., disposé par demandes et réponses, courtes, faciles et assez simples, tant parce que les peuples qu'on doit instruire sont fort grossiers, que parce qu'il semble que cette manière de traiter les choses saintes attire plus de bénédiction, comme nous dit Mgr de Pamiers qui se plaignait où il était, d'en faire de plus doctrinales et plus scientifiques, parce qu'ayant plusieurs de messieurs de son clergé qui étaient savants, il ne les avait pu astreindre à cela, outre que ses diocésains sont plus intelligents.

On divise la matière de chaque conférence en quatre doctrines et chaque doctrine en trois ou quatre demandes et autant de réponses avec le fruit qu'on en doit retirer. Chaque doctrine est le sujet du prône de chaque dimanche, excepté lorsqu'on parle des matières qui concernent uniquement les ecclésiastiques et pour lors on assigne d'autres matières pour ces temps là, si bien que vous vous apercevez bien de l'uniformité de la doctrine qu'on enseigne au peuple. Car tous les recteurs et vicaires assistant à ces conférences, ou en cas d'empêchement, en recevant les résolutions, en instruisent leurs peuples en même temps et de la même doctrine qu'il ne leur est pas permis de changer sans ordre de l'évêque.

Sur quoi nous vous prions de remarquer deux choses, l'une que cet évêque est assuré que la doctrine qu'on distribue en tous lieux dans son diocèse est saine et salutaire, n'étant autre que celle qu'il a lui-même digérée. Car c'est lui qui de concert avec ces messieurs qui sont auprès de lui compose les demandes et forme les réponses que chaque pasteur fait en son Eglise à son troupeau, lui expliquant brièvement ce qui en aurait besoin et le traduisant en langue vulgaire, car elles sont conçues en français que le peuple ne parle ni n'entend pas assez ; de sorte que cette doctrine coulant de la bouche du chef ou plutôt du premier pasteur et docteur du diocèse par les coopérateurs, qui en sont comme les canaux, elle a plus d'onction et elle est plus proportionnée, sachant mieux les remèdes qu'il faut appliquer à leurs maux.

La seconde chose c'est que MM. les eccclésiastiques se convainquent les premiers dans les conférences de ces vérités, qu'ils communiquent à leurs brebis de leur abondance, comme les bassins trop pleins et accomplissent l'avertissement de saint Bernard : *oportet concham esse priusquam canalem*, outre que ce moyen les exempt de ces études recherchées et curieuses, de faire des sermons et de beaux discours en l'air plus nuisibles à ceux qui les font que profitables à ceux qui les écoutent, et ôte toute excuse à ceux qui n'auraient pas facilité de s'énoncer, puisque ceux mêmes qui n'auraient pas de mémoire, n'ont qu'à porter en chaire leur papier, ce que nous avons vu pratiquer à plusieurs, tant pour se soulager qu'afin de ne pas changer, ni varier les expressions : ce qui pourrait troubler ceux qu'on interroge. Ce qui en facilite encore le souvenir à MM. les recteurs, c'est qu'ils ont été obligés d'y répondre en pleine conférence, où l'on se traite avec beaucoup de civilité et où la charité fait supporter les défauts du prochain, comme nous avons vu, ayant assisté à trois ou quatre à Quillan et Alet. Et afin que chaque prêtre puisse étudier et concevoir les questions proposées, on observe cet ordre : par exemple à la conférence du mois de janvier on donnera aux présents et on fera tenir aux absents à chacun une copie manuscrite bien lisible ; car ce bon seigneur n'a pas voulu permettre qu'on les imprimât, outre qu'il n'y a point d'imprimeur ni libraire dans le diocèse ; laquelle copie contient les 16 demandes auxquelles chacun doit écrire de sa main et former de soi-même les réponses et les rapporte avec soi à la conférence de février pour laquelle elles sont faites ; où d'abord qu'ils sont arrivés on leur fait répéter la conférence de janvier et on leur fournit aussi les résolutions manuscrites de Mgr qu'ils doivent ensuite communiquer au peuple. Ensuite on les interroge sur la matière de la présente conférence de février et après cela on prend leurs réponses afin qu'au mois de mars on leur en donne la dernière solution ; et ainsi des autres mois. Et cependant à leurs réponses on voit leur travail et leur étude et on leur donne les avis nécessaires.

Après la répétition de la précédente et proposition de la présente conférence, il y a des avis publics à donner pour le bien public ou des désordres à corriger : le promoteur en fait la réquisition. M. l'official en donne acte ou propose l'affaire et on y donne l'ordre nécessaire ou on le rapporte au conseil de Monseigneur. Il en va de même des questions difficiles ou embrouillées que chacun des particuliers propose sur les matières présentes et ensuite sur toutes autres.

Ce qu'étant fini, on dit *Confirma hoc Deus* ou une antienne de la Vierge, on marque les absents. Les présents ne sont pas interrogés de suite afin qu'ils soient prêts sur toutes les questions. On n'en excepte pas M⁅ le grand vicaire, parce qu'il est curé, ce qu'il fait avec autant de simplicité qu'un petit écolier. Messieurs de la cathédrale, tant grands chanoines que semi-prébendés, ont leurs leçons théologales les mercredis et samedis de chaque semaine, comme nous l'avons vu faire l'Avent passé par Monseigneur, qui s'était chargé de cet emploi pour soulager son théologal qui était directeur. Ils y assistent tous, même M⁅ le grand doyen, sans y manquer. Cela se fait à l'issue de vêpres ; la porte fermée, dans la nef, les séminaristes y sont admis. On y observe à peu près les mêmes choses que dans la conférence ; sinon que nous n'avons point vu interroger les grands chanoines. Le nombre des demandes n'est point limité et on n'est pas obligé d'écrire les réponses de la précédente leçon dont on a eu copie. Cet exercice dure environ une heure. Le sujet de la leçon fut le symbole que Monseigneur expliqua d'autant plus simplement et clairement qu'il avait remarqué dans la dernière visite qu'il avait faite de sa cathédrale et de tous ceux qui la composent, qu'il y en avait de ceux du bas-chœur qui ignoraient les choses les plus essentielles du christianisme.

C'est dans cette cathédrale que nous avons vu des chanoines servir Dieu pour Dieu, car outre la modicité des revenus des grands chanoines ayant à peine 300 livres et les autres 140 et 150, ils sont tout à fait modestes et chantent gravement et posément. Aussi n'y a-t-il point dans cette église de ces coureurs de chantres, il n'y a ni musique ni orgues, c'est sim-

plement un plain chant, bien rond, sans trop traîner ni anti-
ciper, sans enfants de chœur ni autres laïques cléricalisés ;
la présence presque continuelle de ce pieux évêque ne contribue pas peu à la décence avec laquelle ils font l'office, car
il ne manque à aucune des heures, pas à tierce, ni à none, ni
lorsqu'il est dans la ville, et lorsqu'il est à Saint-Paul où il
y a une église collégiale il s'y trouve aussi régulièrement.
Et durant les quatre mois que nous avons eu le bien d'être
auprès de lui nous ne l'avons vu manquer à aucune partie,
si ce n'est 2 ou 3 fois à vêpres les jeudis, jours de sa conférence où il traite dans son conseil, (qui représente l'ancien
presbytère des évêques, composé de 6 ou 7 de ces Messieurs
qui sont autour de lui), d'affaires de conséquence qui ne se
peuvent différer, ou qu'il est question de décider quelques
cas proposés qu'il est obligé de tenir prêt à l'heure de la
poste. L'église est un grand réfectoire de moines, car c'est
une abbaye érigée en évêché ; l'église ayant été détruite par
les Huguenots ; assez froide, un canal d'eau passant par le
milieu de l'église du chœur et cependant ils n'ont point l'usage
du camail, mais seulement du bonnet, ce qui nous fait admirer davantage la force de ce bon évêque qui durant l'hiver qui
fut si long et si rigoureux, ne manqua pas une fois de se
trouver à matines qui se commencent à 5 heures et après
4 heures les jours de solennités, sans se couvrir plus que les
autres, ayant seulement une calotte, ni sans se seoir, mais
s'appuyant sur le dos des chaises, se conformant en tout aux
cérémonies du chœur, sans gants ni manchons. Et immédia-
ment après sortait pour venir dire la messe à sa chapelle,
durant et après laquelle il se dispose et fait ses actions de
grâces assez longtemps et ensuite, si l'on avait quelque chose
à lui dire et souvent, il restait à sa chapelle et rentrait à tierce
et à la grand'messe sans voir le feu et à la solennité de Noël
où il officia pontificalement dès les premières vêpres, il entra
au chœur à 8 heures du soir d'où il ne sortit qu'à 3 heures du
matin : ce qui tint la messe si longue, c'est qu'il reçut à
l'offrande tous les ecclésiastiques et laïques jusqu'aux plus
petits bergers et valets. Nous vous avouons que nous en

fûmes si sensiblement touchés que nous crûmes être dans une autre Béthléem, nous voyant dans un réfectoire de religieux, et tant de petits bergers tout nus et pauvres, venir à l'offrande donner un pauvre denier au milieu de nos saints mystères, que ce prélat célèbra d'une manière tout à fait pieuse.

Vous remarquerez qu'il n'y eut à la paroisse qu'une grand'messe sur les huit heures, qui est l'heure ordinaire de la grand'messe, afin que les séminaristes pussent ensuite assister à la cathédrale où ils sont toujours à vêpres et matines les fêtes et dimanches, n'y en ayant point à la paroisse, si ce n'est le jour du patron ou le jour du sacre, le Saint-Sacrement y étant exposé. Car il ne repose point à la cathédrale, non plus qu'à Sarlat, ce qui fait que Mgr d'Alet sortant ou rentrant dans sa ville va toujours à la paroisse et y conduit ou fait conduire les hôtes, fussent-ils évêques, comme il a fait à deux durant notre séjour.

Pour revenir à notre solennité, il officia de même à la messe du jour et à vêpres où il prêcha pontificalement, ensuite de quoi il assista à complies, comme s'il n'eût rien fait. Il ne sait ce que c'est que de se faire frotter ou prendre du bouillon.

Nous l'avons vu quelques fois cet hiver après matines monter en litière sans prendre l'air du feu et partir avant jour pour s'en aller prêcher à 2 ou 3 lieues de là à la grande messe et à vêpres en un autre lieu ; quelquefois, il n'allait qu'une lieue s'en revenait dîner au logis afin d'être à vêpres.

Si ce saint évêque est si ponctuel à se trouver à tout l'office, il n'est pas moins exact à en pratiquer les moindres cérémonies. Les bénédictions, génuflexions, inclinations, etc., sont autant bien faits et sans y manquer qu'on le puisse souhaiter. Et il entre tout à fait dans l'esprit de l'Église et en a aussi le véritable ordre. C'est pourquoi il a défendu ces fréquentes expositions du Saint-Sacrement même aux jours des patrons, au jubilé et jours d'indulgence qui sont aussi rares qu'il souffre peu de confréries et ayant autant d'affection à s'acquitter de ce qui est d'obligation qu'on en a en beaucoup de lieux à ce qui n'est que de dévotion. Ce ne sera pas lui qui dira des messes votives durant qu'il y en a des féries, etc., *ex ungue leonem*. Et s'il a un grand soin que toutes les églises soient pourvues décemment des choses nécessaires, comme d'ornements propres, lampes allumées, 2 cierges aux messes basses, etc., il n'a pas moins d'éloignement pour tous les ornements qui ressentent la vanité du siècle ou la mode, soit dans la qualité des étoffes, couleurs ou façon. Il ne veut pas non plus tant d'affiquets, ni bouquets sur les autels ni à la croix. Enfin, il ne veut dans l'église que ce qui y doit être. C'est pourquoi il ne souffre point d'armes sur les vaisseaux sacrés, ni sur les habits sacerdotaux, ni même de litres dans les églises, souffrant seulement et avec peine qu'on tende une toile noire sur laquelle on attache les armes, qu'on ôte aux grandes fêtes, laquelle toile ou étoffe reste à la fabrique. Et il est allé bien plus loin. Car comme il sait fort bien que les chapelles particulières détruisent l'ordre de l'Église en ce qu'elles détournent des paroisses et des instructions qu'on y reçoit, il [les] a toutes interdites, hors celle de l'évêché. Il n'a pas épargné celle du séminaire qu'il a fait abattre, si bien qu'il n'y a présentement dans tout le diocèse marquis ni gentilhomme qui ne soit obligé bon gré malgré d'assister à l'office paroissial et y entendre les instructions. Et afin d'ôter lieu aux dévotions mal réglées et aux coureries, il n'a réservé des processions que les 4 ou 5 que l'Eglise ordonne être observées et pratiquées, et encore ne veut-il pas qu'elles se fassent hors de la paroisse, de sorte que comme il n'y a pas de chapelles on va des cures aux annexes qui en dépendent et des annexes aux églises matrices ou à des croix situées en divers lieux ; en ce pays là elles y sont fréquentes. Aussi les jours de patron on ne voit plus tant de débauches et d'excès comme on en voit en ces provinces, car pour en ôter toutes les occasions il n'a pas même voulu permettre que MM. les ecclésiastiques s'assemblassent les uns chez les autres à ces fêtes, accordant seulement que 3 au plus aillent, après leur service, aider à celui qui fait sa fête patronale. On sait quels scandales causent les prêtres ces jours là et quelles profusions les curés font par ces repas excessifs et en quantité et en qualité, où souvent ils admettent hommes et femmes parmi leurs confrères.

Il ne veut pas même souffrir qu'on fasse des festins aux premières messes des nouveaux prêtres. Mais ils la disent tout simplement comme nous l'avons vu dire à un des trois prêtres qu'il ordonna le jour de saint Thomas, qui arriva le samedi des 4 temps et à propos il nous souvient qu'il fit si grand froid ce jour là et cependant ce prélat de 75 ans fut debout et à l'église depuis les 4 heures du matin jusqu'après midi sans déjeuner (car il jeûne toujours même les vendredis aussi régulièrement que s'il n'avait que 30 ans, et sans voir le feu, car outre l'office canonial et les deux grand'messes du jeûne et de saint Thomas, il conféra les ordres qui lui firent passer le temps qu'il y a de matines à la grand messe. Car quoi qu'il n'ordonnât en tout que trois prêtres il le fit néanmoins avec autant de majesté comme s'il en eût ordonné une centaine *(en marge :* Il ne confère la tonsure qu'après la régence et au commencement du séminaire, et il ne donne la prêtrise ordinairement qu'à 30 ans). Il ne veut ordonner personne du dehors. Il refusa en septembre un père de l'Oratoire de grande qualité et pour lequel il avait bien de l'estime à cause de sa science et piété, lequel néanmoins avait une grande passion d'être ordonné de sa main. Ce qu'il ne put obtenir, mais bien de dire devant lui sa première messe. Et un de nous, qui eut l'honneur d'être un des officiers, fut tout ravi de lui entendre prononcer les paroles du pontifical avec esprit intérieur et gémissement. Il paraissait être persuadé de ce qu'il disait et avant l'ordination il les avait disposés à recevoir avec le caractère la plénitude de la grâce par une retraite de plusieurs jours qu'ils continuèrent encore 3 ou 4 autres après, pour la conserver davantage, joignant à cela de bonnes exhortations touchantes et persuasives qu'il leur fit devant et après tous les matins dans sa chapelle à l'issue de la messe, sans parler des entretiens particuliers qu'il avait avec chacun d'eux, par des méditations faites exprès et dont il leur avait choisi la matière. C'est se donner bien de la peine pour peu. Hé, monDieu ! pour les ordinations de 2 ou 300 de ces pays, on ne leur dit pas un mot. Aussi y a-t-il bien de la différence entre les prêtres de ces quartiers là et ceux-ci.

Voilà à peu près quel est son esprit pour ce qui regarde l'Eglise, l'office et les ecclésiastiques, auxquels il a encore aidé pour se perfectionner davantage par de bons écrits et par de très beaux règlements que nous espérons de voir bientôt sortir de dessous la presse dans un même volume. Vous y pourrez voir le détail de ce dont nous ne vous donnons qu'une simple idée.

Ces ordonnances très judicieuses font voir l'éloignement que doivent avoir MM. les ecclésiastiques des laïques, vu la sainteté de leur état et comme ils ne doivent point avoir de commerce avec eux que dans la pure nécessité ou pour la charité, et pour cela il leur défend de se trouver aux festins de noces, d'enterrements, etc., de jouer avec eux et les exhorte de ne se trouver que rarement à boire et manger avec eux, crainte qu'insensiblement ils ne vérifiassent dans eux ce que dit le prophète : *Sicut populus sic sacerdos*. Et afin de les en séparer davantage par les marques extérieures il leur donna l'habit clérical tout du long, et comme ils ne doivent point partager entre Dieu et le monde, il ne leur souffre point de soutanelle, ni rien dans la qualité ou couleur des habits qui tienne de la mode. Seulement ils sont propres.

Et comme la chasse est opposée à l'esprit de douceur que doit avoir un ecclésiastique, elle est en horreur parmi ces messieurs, et à moins qu'ils ne soient plus délicats que leur évêque, qui ne mange point de gibier, ils ne la doivent point aimer et pour cela ils n'ont ni chien, ni meute. On ne leur défend pas la pêche, car ils n'ont point à s'y appliquer quand ils le voudraient. Ils ont donc ordinairement chez eux, encore pas tous, un cheval pour grimper à la montagne, car pour se tenir plus recueillis et pour se donner davantage aux choses spirituelles, ils abandonnent le soin de leurs dîmes à des fermiers. Ainsi très souvent ils n'ont chez eux qu'un jeune garçon qu'ils instruisent, qui leur sert à l'Église et à la maison, où ils se préparent aussi eux-mêmes les choses nécessaires ; comme ils ont été élevés dans cet esprit au séminaire où ils sont les uns économes, les autres dépensiers, celleriers, etc., et le régent du lieu, leur pensionnaire, leur aide, outre qu'étant fort sobres et par vertu et par la nature du lieu où ils n'ont que peu de mouton et de volaille et où la chaleur les empêche de manger beaucoup de viande ; les messieurs s'accoutument donc ainsi et à la frugalité et aux exercices spirituels (car tous les moments leurs sont réglés et d'eux-mêmes) et ne se délicatant point, ils n'ont que faire de servantes. Car pour la vaisselle et le linge, c'est la coutume du pays de les donner à nettoyer et à blanchir à ceux du dehors. Et non seulement dans ces diocèses, mais presque dans tout le Languedoc, ils aiment mieux se servir de valets, crainte des inconvénients fâcheux qui en pourraient arriver. C'est pourquoi les ordonnances qui les défendent y sont si étroitement observées que dans tous ces diocèses, il n'y a chez les ecclésiastiques aucune servante, ni nièce, seulement y a-t-il chez un bon ancien recteur, qui s'appelle le fils aîné de Mgr d'Alet pour avoir été ordonné ou fait curé par lui le premier, qui étant dans les montagnes et infirme par sa constitution et son âge, a besoin du secours que lui rend une sienne sœur que l'on souffre plus volontiers et parce qu'elle est fort sage et modeste et parce que par son économie, elle trouve moyen de faire subsister plusieurs pauvres.

D'abord que ces ordonnances parurent il y avait un chanoine de la cathédrale, gentilhomme, qui, dès le lendemain, quitta la maison de son frère qui était marié. Ce n'est pas que tout le monde ait obéi si promptement que ce brave clerc, ni qu'il ne s'en trouvât peut-être quelques-uns qui *s'ils pouvaient* ne fissent autrement ; mais *quoquomodo* les choses sont en l'état que nous disons. Que manque-t-il encore à ces bons ouvriers ? Il ne faut pas croire qu'ils s'amusent à amasser de l'argent, car quoiqu'ils ne puissent faire de dépense en aucune chose et qu'ils soient bien éloignés de leurs parents, la plupart étant étrangers, néanmoins parce que leurs revenus sont fort modiques en beaucoup d'endroits et qu'ils font gloire d'ailleurs de secourir leurs pauvres, sans avoir besoin de recourir à leur évêque; en ce pays les pauvres ne courent point le pays, chaque paroisse nourrit les siens, ou l'évêque lui aide, si elle ne le peut pas ; ce leur serait une honte s'ils étaient soupçonnés d'avoir de l'argent. Mais en tout cas, si par hasard un prêtre réservant d'une année abondante pour une autre quelque argent ou grains ou autrement, meurt avant de le pouvoir distribuer, il fait ordinairement l'Eglise et les pauvres ses héritiers. C'est ce que nous a appris M. le Recteur de Roquefeuil, exécuteur testamentaire du vicaire de son annexe, mort depuis quelques semaines qui en avait usé ainsi, l'ayant seulement prié de donner quelque chose à son neveu qui l'était venu voir, pour se reconduire. Un autre bon curé (marge : c'est ce bon curé du Capsir qui 3 ou 4 semaines durant nous a si bien édifiés et appris tant de bonnes affaires, au séminaire où il était descendu par ordre de Mgr et comme malgré lui pour se faire gouverner, qui, ayant une jolie cure proche Alet au plat pays de bon revenu, ayant vu que Mgr n'avait personne à mettre dans une cure qui est au sommet des montagnes, abandonnée par celui qui la tenait à cause de la rigueur du lieu, longueur des neiges et férocité des habitants et abandon quasi des choses nécessaires, s'offrit à Mgr qui, après lui avoir fait voir toutes les difficultés, le prit au mot, elle est affermée 17 pistoles ; il y fait merveille, il est fort aimé de Mgr, malgré lequel il s'en retourna plutôt qu'il n'eût dû pour sa santé) nous a dit qu'un de ses parents l'étant venu voir du diocèse de Mirepoix, duquel il est et pour être mieux venu lui ayant apporté une oie, il le laissa reposer un jour, puis le congédia, lui donnant 18 sous que valait son présent et le pria de ne point venir qu'il ne le mandât.

Ces Melchisédechs sont si dégagés de l'affection de leurs parents qu'ils ont pour eux une espèce de dureté et les examinent même de plus près que les autres, jusque là que M. Eymeric, vicaire de Quillan, ne voulut pas laisser monter en sa chambre madame sa mère qui était venue exprès de l'Auvergne pour le voir ayant une demoiselle avec elle, et qu'un bon curé, dont le neveu étant régent à Roquefeuil n'avait pas reçu humblement la correction du recteur, qui le lui manda, envoya cette lettre de plainte à Mgr et à M. le directeur, afin qu'ils ne fussent point surpris par ce compagnon, auquel il protesta de ne le plus assister, s'il ne devenait plus humble.

Ils ont eu un exemple terrible d'un de leurs confrères qui ayant été pourvu d'une cure dépendante du chapitre de Narbonne d'environ 1,000 livres de rente, y avait attiré ou plutôt souffert ses parents et n'avait pas eu le courage de s'en défaire, quoique le bon seigneur lui en eût donné de bons moyens, et fait d'instantes prières; lequel étant tombé bien malade, il entra dans des peines d'esprit étonnantes et si grandes qu'on a eu bien de la peine à le modérer, se croyant damné pour n'avoir pas voulu faire ce que son évêque lui avait tant dit. Ce bon évêque le fit consoler par des ecclésiastiques qu'il y envoya. C'est pourquoi depuis, ils ont eu bien plus de respect pour ses avis et de déférence pour ses règlements, y étant portés par un accident bien plus funeste et qui fait bien voir les effets dangereux des censures ecclésiastiques, qui ne sont pas portées légèrement, mais avec grande connaissance de cause. Nous l'avons su d'un ecclésiastique qui avait lui-même fait quelques monitions à la même personne. C'était un gentilhomme, du reste ami et aimé de Mgr d'Alet, attaché à une misérable créature qu'il entretenait chez lui, qu'il n'avait pu tout à fait abandonner, quoique par respect ou par crainte il l'avait quelquefois éloignée, et dans cet état avait été refusé publiquement à la communion, ensuite cité pour rendre raison de son refus, injonction à lui faite de se mettre en état de pénitence, à faute de quoi interdit, ensuite de quoi cité à se venir entendre déclarer excommunié, sans se vouloir changer. Enfin quand on lui signifia la sentence d'excommunication portée contre lui, il appela sa malheureuse : « Viens, viens, Jeanne, Mgr d'Alet est à bout de ses finesses, viens dansons. » En effet en dansant il lui prit une colique si étrange que criant comme un désespéré : « Alet, d'Alet. » On envoya en diligence à Alet. Mgr y envoya promptement son grand vicaire pour lui donner l'absolution qu'il reçut avec grande peine et creva un moment après. Vous

voyez comme le ciel même s'intéresse pour les ordonnances
que ce prélat n'avait faites que par le mouvement du Saint-
Esprit, puisqu'il punit si sévèremenr ceux qui les violent. Et
après cela comment ne s'y rendrait-on pas? Et comment y
aurait-il encore quelque chose de déréglé après tant de précautions, tant de sages ordonnances, et une vigilance si exacte
et si infatigable?

Néanmoins il y a encore un misérable abbé d'une abbaye
du diocèse de Perpignan, qui en cette qualité est seigneur
temporel de quelques paroisses d'Alet, où il se comporte en
tyran. Il oblige sur de grosses amendes à danser, à aller au
cabaret etc., voulant contrecarrer les ordonnances de Mgr
qui en a fait avertir le roi. Mais les officiers n'y donnent pas
la main.

Il ne me reste plus à vous parler que de la conduite sévère
et chrétienne qu'on tient dans l'administration des sacrements, qui ne leur fait donner l'absolution qu'avec grande
discrétion et à ceux qu'ils sont fondés de croire qu'ils la mé-
ritent. On n'admet aucun prêtre ni religieux à dire la messe
qu'il n'en ait permission par écrit de Mgr et un séminariste
nous a dit qu'étant régent et M. le recteur étant absent, il ne
voulut jamais donner les ornements au général des Capucins
quelque menace que fît le capucin d'en écrire au roi, parce
qu'il n'avait pas son billet et que d'ailleurs ces gens perdent
tout le diocèse par leurs méchantes pratiques. Souvenez-
vous donc, s'il vous plaît, que n'ayant ni moine ni prêtre du
dehors qui confesse ni ne prêche (depuis qu'un jésuite prêchant à Saint-Paul prit d'autres matières que celles que Mgr
lui avait données et posa des principes contraires aux siens,
ce qui l'a aliéné des jésuites qui ne viennent plus à Alet et
chez qui il ne loge plus ni à Toulouse, ni á Carcassonne, surtout depuis qu'il refusa à deux jésuites de faire la mission à
une de ses paroisses) dans les paroisses, mais seulement les
curés, on est contraint à ne point donner l'absolution dans les
cinq cas réservés ordinaires qui sont l'ignorance des choses
nécessaires, l'obligation de restituer les biens ou réparer
l'honneur, se réconcilier et quitter les occasions prochaines

et les habitudes criminelles ; vous ne sauriez vous imaginer combien ces cas enferment de gens et combien peu il y en a qui ne soient sujets à quelqu'un d'eux et surtout dans ces pays-ci ; puisque dans celui-là, après plus de trente ans du soin infatigable de cet évêque et le travail continuel de tant de bons ouvriers et enfin de tant de moyens qu'ils ont beaucoup plus que nos paroissiens, il se trouve néanmoins telle paroisse où de 600 communiants il n'y en a pas 3 00', pas 2 00', pas quelquefois 100 qui communient ou à Pâques ou au Jubilé, comme nous l'ont assuré différents curés et vicaires et on aime mieux les laisser en cet état que de leur faire faire des sacrilèges de force. Aussi disent-ils franchement que quand ils auront envie de se convertir ils iront à confesse et feront tout de bon ce qu'il faudra faire et qu'ainsi on ne s'en mette pas en peine.

Bien davantage on refuse l'absolution à ceux qu'on sait n'être pas dans les bons principes de la morale et on les interroge.

Par parenthèse nous avons assisté à la solennité du jubilé que donna le défunt pape Clément IX à sa promotion que ce prudent père de famille avait réservé jusqu'aux avents de 1670 à faire gagner en trois ou quatre des principaux lieux de son diocèse, dont il ne trouvait pas les habitants assez bien disposés pour en mériter l'effet, à cause de certains engagements et affaires publiques où ils étaient engagés et où il y avait bien des restitutions à faire et, après l'avoir indiqué et fait des tentatives en vain, le leur avoit enfin accordé, ayant pacifié toutes les choses avec ces messieurs. Nous pourrions même dire, le sachant du prêtre qui gouverne la paroisse d'un certain lieu où il y a 700 communiants, qu'il n'y en avait pas 80 qui eussent communié, parce que les habitants de ce lieu étant presque tous joints ensemble pour faire couler sur la rivière les bois qu'on y jette des montagnes, marchent jour et nuit et souvent ne sont point à la messe les jours d'obligation. Aussi ceux qui ne veulent point quitter ces emplois n'ont point de part aux sacrements.

Ce même vicaire nous dit qu'ils avaient pris résolution de

députer vers Mgr pour recevoir de lui les avis et moyens nécessaires pour pouvoir, sans quitter cet emploi licite d'ailleurs, satisfaire à leur devoir. Ce fut en ce lieu même où Mgr vint imposer pénitence publique à près de trente filles qui avaient dansé publiquement le 1er d'octobre, parce que n'osant le faire le jour de Saint-Michel, la fête patronale du lieu, à cause des peines civiles, ils avaient mis au lendemain à se divertir. Nous les aperçûmes comme nous allions à Alet de l'autre côté du chemin. Le consul du lieu y fut aussi soumis en robe rouge pour avoir souffert être de la partie, ce défaut de correction étant scandaleux. La pénitence publique se fait ainsi : le pénitent vient au sanctuaire, l'évêque proteste à l'assemblée la douleur qu'il a de l'avoir scandalisée, la conjure de prier pour lui. Il lui fait une petite exhortation, lui impose : v. g. à ce consul une pénitence de sept semaines et un jeûne par chaque et des prières, etc.

Les prêtres ne font point de pénitence publique, mais on les retient au séminaire ou dans quelque monastère réglé et on leur impose un nombre de jeûnes, disciplines et psautiers, un, deux, trois et quatre ans, et on leur marque qu'ils devraient être en la disposition de continuer toute leur vie en cet état et privation de toutes fonctions, si l'Eglise n'avait pas besoin d'eux, quoique indignes.

Il ne faut pas vous céler que ces gens à qui on refuse l'absolution sont libres de demeurer en ce même état. Car après qu'ils ont été déférés à l'évêque et qu'on les a priés et exhortés, on ne les pousse pas par les censures, à cause du grand nombre qui les rendrait et méprisables et inutiles, outre que souvent ces pénitences ne seraient qu'extorquées ou plutôt des sacrilèges. Seulement sont-ils refusés d'être parrains et marraines et au mariage, ce qui les fait différer quelquefois les années entières, et enfin aux honneurs, par exemple de porter un des coins du dais, fût-il le premier de la ville ou juge du lieu à qui on défère cet honneur.

Puisque nous sommes sur le jubilé, nous vous allons marquer la manière dont Mgr en fit un, il y a quelques années, lequel a opéré des merveilles pour le bien spirituel, mais aussi qui a été la source de toutes les peines qu'on lui a faites depuis. Car avant ce temps, comme il n'avait pas poussé les choses si loin, aussi n'avait-on pas cherché tant de moyens pour secouer le joug de la discipline. Il choisit trente des plus zélés et capables de ses ecclésiastiques avec lesquels il parcourut successivement toutes les paroisses de son diocèse, qu'il entretenait à ses dépens. Car il payait leur nourriture à MM. les recteurs et vicaires chez qui ils logeaient. Il les partageait en différentes paroisses dans lesquelles ils allaient faire les instructions quinze jours durant devant l'ouverture du jubilé, durant lesquels ils les continuaient soir et matin et visitaient toutes les maisons et tous, de quelque âge, état, santé et conditions qu'ils fussent, passèrent par cet examen.

Il n'y eut qu'un docteur qui d'abord le refusa, qui le subit néanmoins ensuite. Or cet examen leur donna des connaissances très grandes qu'ils n'eussent pu avoir par la voie du secret. Et ils observent encore présentement d'entretenir toujours hors de la confession les personnes du dehors et qu'ils ne connaissent et surtout les ecclésiastiques. Il nous a fallu passer par là et avec bien de la joie et nous avons conçu que ce moyen était bon. Car dans cet entretien extérieur, on fait goûter plus facilement ce qui pourrait paraître le plus rude et on met les personnes en état de recevoir avec docilité les avis et la pénitence qu'on juge nécessaires. Et outre les ecclésiastiques Mgr d'Alet avait des avocats très habiles et un conseiller du parlement de Toulouse, très homme de bien et gentilhomme, pour pacifier les différends et on exhortait toutes les personnes à venir déclarer contre qui que ce fût, tout ce que l'on avait à dire ou répéter et qu'on les maintiendrait et ferait avoir raison. M. le prince de Conti avait promis tout l'appui nécessaire. Cela donna ouverture à un grand nombre de pauvres peuples de se plaindre des injustices et usurpations de la plupart de la noblesse et des plus riches, qu'ils avaient faites tant sur les domaines du roi que sur les pacages, forêts, communes, etc., des villes et communautés, que sur les biens et honneur de plusieurs femmes et filles, à quoi la plupart ne pouvant se résoudre à satisfaire, furent interdits des sacrements, d'autres excommuniés nommément, dont une partie se sont fait relever après ce fameux arrêt et se sont soumis. Pour les autres on ne leur donne aucun sacrement dans tout le diocèse, c'est ce qui les a fait déloger et aller une partie en Espagne, les autres aux diocèses de Narbonne et de Mirepoix.

Une autre bonne pratique pour le sacrement de pénitence c'est que réglément ils ne donnent point l'absolution pour quelque péché mortel que ce soit qu'auparavant on ait pris un temps suffisant pour donner un fondement raisonnable au confesseur de croire que le pénitent est défait de son habitude et s'est éloigné des occasions de tomber, et pour se pouvoir préparer par une sérieuse satisfaction à recevoir l'absolution et communier. Ces deux sacrements allant de même pied ordinairement, retenant cette pratique de l'ancien ordre de l'Eglise qui faisait toujours précéder la satisfaction.

On n'accorderait pas même cette indulgence à un moribond qu'il n'eût satisfait à l'honneur ou au bien du prochain de la manière dont il est capable et en restituant dans le temps présent s'il le peut, sinon en donnant telles assurances qu'on juge à propos pour quand il pourra. On n'attendrait pas la convalescence du malade pour faire chasser hors de la maison l'impudique qui lui est une occasion prochaine du mal, quelque difficulté qu'il eût de se passer de son gouvernement. En passant ou plutôt en repassant par Agen, nous eûmes l'honneur de faire la révérence à ce bon ami des moines, Mgr d'Agen, qui nous dit que le jour même il faisait transporter une femme bien malade de la maison d'un chanoine, dont le frère avait épousé la fille, à cause du bruit qui courait, qu'elle, malade, ne se comportait pas bien avec le chanoine. Ainsi vous voyez que ce n'est pas seulement à Alet qu'on est méchant, mais qu'on le devient partout, puisque ce même évêque, homme qui sans cérémonie soufflait en ses doigts écrivant une lettre pour notre prélat, tant il avait froid, nous apprit qu'il avait enterré le jour de saint Jean l'Évangéliste, qui était un mois devant, un chanoine de sa cathédrale dans une grange parce qu'il était mort sans se confesser, quelque instance qu'il lui en eût fait, n'ayant remarqué dans la vie de ce misérable rien de scandaleux, seulement une opiniâtreté à ne se vouloir défaire d'une cure qu'il tenait avec son canonicat qu'il n'y fut condamné par arrêt.

Tout de même si les péchés sont publics et scandaleux, avant l'absolution il en faut faire pénitence et demander pardon publiquement. Et si ce sont de pauvres gens qui attendent la récolte pour pouvoir satisfaire, on attend qu'ils aient satisfait, quelques protestations qu'ils fassent. On croit mieux en ce pays là les actions que les paroles. On ne s'étonne point de voir des ecclésiastiques de dehors être des 18 mois ou 2 ans sans dire la messe, mais seulement au bout de quelques mois communier en laïques.

Et là-dessus M. le directeur nous a dit qu'il ne confessait point ceux qui venaient faire retraite de 8 ou 10 jours, n'étant pas un temps suffisant pour connaître une personne. Et que Mgr disait que ces gens-là se trompaient bien, pensant déjà être saints pour ces petits exercices. Et bien moins voudrait-il leur donner ou conseiller de prendre un bénéfice, s'il ne les connaissait davantage. On voit des laïques à l'âge de 25 ou 30 ans qui n'ont pas encore fait leur première communion, pour n'avoir pas voulu s'instruire des choses nécessaires. On ne connait point dans ce diocèse la pluralité des bénéfices et la compatibilité extérieure de nos casuistes ne devient point telle avec l'absolution. On ne l'accorderait pas même à un jeune homme qui aurait envie d'être prêtre, bon gré mal gré. Ce désir immodéré étant une production de la concupiscence qui veut avoir ce qu'elle demande. Vous ne pouvez douter comme on éloigne les barbiers, tailleurs, voituriers, boulangers,etc. qui travaillent de leur métier les jours de fête. Et aux fêtes de Noël on fut obligé, au moins au séminaire, de manger de gros pain, l'autre ayant été consumé, le bon évêque ne voulant pas permettre qu'on boulangeât. Les meuniers aussi, si ce n'est ceux qui sont à vent et sur les petits ruisseaux, et n'ayant pas de l'eau et du vent comme et quand ils veulent, ils sont obligés de se servir de l'occasion quand il y a nécessité. Et lorsqu'à la campagne, l'été, on craint quelque tempête ou orage fâcheux qui pourrait incommoder, le recteur du lieu assemble 5 ou 6 des plus gens de bien et des plus experts par l'avis desquels il passe pour accorder la permission de travailler après le service. Et on arrêta dans une conférence, où nous étions qu'on ne devait point avoir égard à la dispense du grand vicaire de Perpignan qui permettait de travailler fêtes et dimanches dans la plaine du Roussillon où ceux des montagnes d'Alet descendent pour travailler et que sans la nécessité marquée ci-dessus, ne devaient être admis, toute dispense sans raison ne servant de rien.

On attend à donner l'absolution que les joueurs aux jeux de hasard (pour cela Mgr a acheté tous les jeux de cartes et de dés qui étaient chez les merciers de son diocèse à condition qu'ils n'en auraient plus) aient tout joué et les danseurs tout dansé, et les buveurs tout bu. Mais bien davantage on ne recevrait pas les hôtes ni hôtesses qui feraient métier de donner à boire et à manger, je ne dis pas durant le service, ni les jours de fête, ni à gens qui s'enivrent, mais à quelque jour et temps et personne que ce soit étant habitant du lieu, mais bien du pain, vin, viande, etc., pour boire et manger chez soi : tous les cabarets étant à bas, n'y en ayant que quelques hôtelleries pour les passants. Et dans la plus grande ville du diocèse, on nous a dit qu'il n'y avait que deux hôtelleries sans cabaret et c'est un des grands biens que Mgr d'Alet ait faits qui empêche le plus de désordres. Nous avons consulté tous ces points et bien d'autres et nous avons la pratique des résolutions. Un plus long détail vous serait ennuyeux. Ainsi nous ne nous arrêterons et ne vous dirons pas qu'il n'y a ni foire ni marché aucune fête que ce soit, ce qui se pratique presque dans tout le Languedoc. Et l'on y est si exact aussi dans l'Angoûmois que Mgr l'Evêque s'en réserve l'absolution et menace d'excommunication ceux qui vont à telles assemblées, quand ils n'y porteraient ou achèteraient qu'une demi-douzaine d'œufs. Car on regarde plutôt la disposition intérieure que l'action extérieure.

Ajoutez à cette conduite si exacte tant de belles instructions, les prédications d'avent et carême. Mgr d'Alet prêcha l'avent dans sa ville comme nous y étions et devait aller prêcher le carême à Saint-Paul. Et ce d'une manière chrétienne et familière. Les prônes tous les dimanches, la matière desquels est prise dans les conférences, qu'on éclaircit fort succinctement, afin qu'on les puisse mieux retenir et répéter. Car comme MM. les ecclésiastiques ont répondu aux questions à Mgr dans la conférence, aussi chaque paroissien répond publiquement aux prônes, grands et petits, nous avons vu ce M. le viguier répondre aussi joliment qu'un petit garçon après avoir fait la bénédiction. D'autres messieurs et habitants de 60, 40, 30, 25 ans etc., et les femmes et les filles parlent aussi. La supérieure de la communauté d'Alet, les régentes, les paysannes, tout le monde enfin, après et avant cette instruction qu'on répète toujours deux fois, par exemple le dimanche suivant (car chaque demande on la prononce jusqu'à trois ou quatre fois.) Avant de la faire on demande toujours un des articles principaux qui sont précédés de la prière et patenôtre du matin, comme les vêpres et complies sont suivies de la prière du soir. Outre ces prônes, il y a les grands et les petits catéchismes qu'on fait deux fois la semaine, outre les fêtes et dimanches, savoir le mercredi et vendredi de toute l'année, aux lieux où il n'y a point de régents, le matin avant jour ou environ et le soir sur la nuit venant, en carême trois fois.

Hé bien ! que manque-t-il encore à ces peuples ? Qu'ils sont heureux auprès de ceux-ci qui crient la faim il y a si longtemps et auxquels on ne donne pas seulement de pain. Mais prions Dieu qu'il en profitent et rendons-nous dignes de telles grâces. Nous vous dirons là-dessus que nous vîmes dans une prédication ce bon prélat faire de sensibles reproches à son peuple de son ingratitude et de sa lâcheté : « Peuple ingrat, lui disait-il, quoi les trentes années qu'il y a etc, quoi toutes les instructions etc., » ajoutant qu'il ne les traitait pas de cette manière par mauvaise humeur ni par emportement mais par ardeur qu'il avait de leur salut, puisqu'il les aimait, disait-il, comme ses entrailles, dont il appelait Dieu à témoin. Aussi l'appelle-t-il toujours son cher et bien-aimé peuple, mes chers enfants.

Ah! si nous voyions nos pères nous instruire eux-mêmes, au lieu de tous ces mercenaires et ces intéressés qui se prêchent souvent eux-mêmes et qui ne cherchent qu'à nous sucer et non à nous engraisser? Mais nous ne le méritons pas.

Voilà à peu près quelle est la discipline de ce diocèse qui quoiqu'un des plus petits de France par son étendue ne cède en rien pour le bon ordre un plus grand, au contraire on le peut dire être le modèle des autres. Aussi est-ce pour cela que plusieurs évêques viennent pour s'y conformer et conférer de leurs difficultés. On nous a assuré que Mgr l'Archevêque de Narbonne d'à présent avait loué une maison dans Alet joignant à l'évêché afin d'y passer quelque quartier de l'année auprès de ce grand prélat et l'aurait fait, s'il n'avait eu ordre de demeurer à Alençon. Si les évêques y viennent dans cet esprit vous ne pouvez douter combien d'autres personnes du 2ᵈ ordre, comme MM. les abbés, grands vicaires, supérieurs de séminaires, même des généraux d'ordre. Car sous le peu de temps que nous y avons séjourné, nous y avons vu de toutes ces sortes de personnes. Enfin il y a eu une si grande affluence de toutes sortes de personnes laïques et des femmes même, qu'il a fallu bâtir un grand appartement séparé hors de l'évêché pour les y contenir, où ils s'occupaient aux exercices de piété hors le temps de la conversation qu'ils ont avec ce personnage qui est si fort et si convainquant pour les vérités chrétiennes que peu en sont revenues sans avoir changé, mais sérieusement, de vie, dont beaucoup en avaient jeté les fondements par de longues pénitences qu'ils y ont faites. On y a vu des abbés etc. aller travailler à la vigne comme de bons ouvriers, d'autres, se levant à minuit, 2 et 3 heures du matin, bêchant et travaillant dans un silence presque perpétuel plusieurs heures, le jour se contentaient de six onces de pain et d'eau le soir, ne faisant que ce repas, plutôt pour pouvoir continuer leur pénitence que pour vivre, et passant le reste du jour en d'autres exercices spirituels, comme M. le curé de Saint-Maurice. Ç'a été par ses bons avis que le fameux abbé de la Trappe s'est converti. Combien de conseillers ou présidents soit à Paris soit à Toulouse où nous en avons visité quelques-uns, suivent-ils les règles qu'il leur prescrit? Il n'a pas même cru devoir négliger les cordonniers et les tailleurs qu'il a ensemble en une espèce de communauté à Toulouse, à Paris et ailleurs. Nous en avons entretenu le supérieur.

Mais pour venir du petit au grand, M. de Brienne par ses prières continuelles a édifié ses quartiers là, Madame de Longueville n'est-elle pas venue consulter cet oracle? Mais enfin n'est-ce pas lui qui ayant décillé les yeux de M. le prince de Conti lui a fait voir en même temps la vanité des grandeurs de ce monde et les suites funestes qu'elles trainent après elles presque dans l'autre? Nous vous dirons deux mots de sa conversion dont M. de Bonedone, qui l'a sue de la bouche de ce pieux prince, nous a fait le détail.

Ce prince avait toujours conservé, au milieu de ses désordres, quelque désir de s'en voir un jour quitte, et plein de la vénération pour ce grand évêque dont il avait entendu les discours éloquents et forts aux États où il présidait, mais sans oser néanmoins se découvrir. Car il ne voulait se défaire de ce dont il eut bien voulu être quitte. Enfin, un jour que ce prélat avait pris pour son thème *Tu quis es* en apostrophant tous les corps des États, il s'attacha si fort à faire voir les obligations de M. le prince en qualité de président et de gouverneur qu'il le consterna et au bout de trois jours le fit résoudre de le venir trouver pour se découvrir à lui. Dans cet entretien, le sage évêque le disposa à se rendre susceptible des vérités qu'il lui inspirerait et à se préparer à une véritable confession par bonnes pratiques, laquelle ayant entendue il lui donna la pénitence pour un an, avec un beau règlement de vie qu'il lui marqua avec autant de vigueur que de prudence, car il sut si bien proportionner la satisfaction qu'il rendit compatible, aussi bien que Nathan avait fait en la personne de David, la grandeur de son État avec l'humilité d'un pécheur pénitent. Ce que ce prince a exécuté avec grande édification pour tout le royaume et a continué jusqu'à la mort. Son testament et les autres instructions qu'il a données aux princes en sont des marques authentiques. Il avoua pourtant à ce bon Monsieur, quelques mois après ce changement, étant en chemin de Paris un soir, voyant de grands divertissements que prenaient ses gens mêmes, il ne put se tenir de leur dire que le cheval avait rompu la gourmette et qu'il ne pouvait plus l'arrêter et fit avec eux quelques *échapades* dont il s'est repenti à loisir. Etant à Paris, il tomba dans une grande maladie qui mettait sa vie dans l'incertitude et ayant dépêché à Alet un courrier pour quérir l'absolution, ce bon prélat lui adressa M. l'abbé de Ciron, pour lors à Paris qui lui ajouta encore 6 mois de prolongation outre son an. Qui en ferait autant au moindre savetier, tout serait perdu.

Ce bon prince a fait dans tout le Languedoc des biens inconcevables et a remédié à une infinité de désordres qui y étaient par les saints conseils de cet évêque chez qui il venait tous les ans et qui lui donnait seulemeut l'hospitalité le premier jour, M. le Prince faisant la dépense les suivants et ne passant jamais devant lui, le traitait comme s'il n'eût point été chez lui.

Madame la princesse ne tarda pas à suivre les bons exemples de Monsieur son mari et voulut aussi se conduire par ce bon évêque. Ce qu'elle continue à présent avec bien de la fidélité aussi bien que MM. les princes ses enfants qu'elle mena un jour au devant de Monseigneur d'Alet qui venait voir M. le prince à sa dernière maladie, bien loin et à pied par respect et les fit agenouiller aussi bien qu'elle pour recevoir la bénédiction de ce grand serviteur de Dieu, qui a produit et produit encore tous les jours de bons effets dans ces jeunes princes qui n'ont point d'autre gouverneur que celui que leur a donné ce bon évêque.

Mais sa charité ne se borne pas à ceux qui le viennent visiter ; il prévient ceux qui ne le peuvent faire. On sait le bien qu'il a fait et à plusieurs du Clergé et surtout aux religieuses de Port-Royal, durant la persécution qu'il a soutenue sans craindre de s'attirer l'indignation du pape, du roi et des

Jésuites. Et quoique les affaires de son diocèse l'occupent,
il sait néanmoins si bien ménager son temps qu'il en trouve
pour répondre à toutes les difficultés qu'on lui propose de
tous les coins de la France et par des personnes de toutes
sortes d'état, et cela avec une bonté non pareille et une si
grande prudence qu'il ne résout rien qu'il ne l'ait bien pro-
posé au bon Dieu et qu'il ne l'ait bien examiné devant lui,
avant de le communiquer à son conseil où il a beaucoup de
déférence pour les avis de ceux qui le composent. Nous le
savons par expérience ; car nous avons le bonheur d'y être
admis pour y proposer nos difficultés dont il est plus à propos
de vous en faire voir dans un cahier séparé la résolution,
qui ont été écoutées et réglées avec bien de la patience(1) ;
car quelquefois ces assemblées ont duré les 4 et 5 heures,
et on nous a donné le temps (et même Mgr) que nous avons
voulu. Nous l'avons aussi entretenu plusieurs fois, même
chacun en particulier, pour ce qui concernait notre cons-
cience. Sur quoi il nous faisait toujours bien prier Dieu
avant de rien décider. Nous ne vous dirons pas qu'il est bien
rigoureux, car vous n'en pouvez plus douter ; mais nous
dirons seulement qu'il est fort réservé à trancher ce mot de
péché et que, lorsque les choses souffrent quelque difficulté,
il ne la cèle point et se rend fort facilement à l'avis des autres
s'il le voit mieux fondé que le sien. Cet assemblage de tant
de vertus en ce saint prélat n'est que l'effet de sa correspon-
dance à la vocation qui, de la manière *qu'elle s'est faite*,
donne bien sujet de croire qu'*eligit unus Dominus sacerdo-
tem sibi*, etc. Nous vous la marquerons en deux mots.

Mgr d'Alet, prêchant avec éclat à Paris, se faisait admirer
de tout le monde pour son éloquence ; mais dans la suite,
crainte qu'elle ne produisît en lui quelque mauvais effet, il
s'appliqua davantage à travailler au dessein de M. Vincent,
dans lequel il a beaucoup aidé en faisant faire les exercices

---

(1) Marge : *v. g.* pour le jeûne auquel il oblige ceux qui le peuvent pratiquer
au-dessous de 21 ans et au-dessus de 60, et aussi ceux qui pourraient se passer
d'un trop grand travail, afin que le modérant un peu, il devienne compatible
avec le jeûne.

à Saint-Lazare, en composant les sujets des entretiens et conférences, etc., ce qui ne l'empêchait point de prêcher en quelques petites églises, quoiqu'il n'y eut pas de goût. Un jour entre autres, prêchant aux religieuses les dominicales pour lesquelles il avait pris les matières d'une bonne morale qui le touchait fort le premier, Mme la duchesse d'Aiguillon y assistant fut ravie de l'avoir entendu pousser si bien les vérités chrétiennes. Ce qui la fit aller trouver M. le cardinal de Richelieu, auquel elle proposa comme le plus capable qu'elle connût, de l'Episcopat, ce qu'il reçut bien avec promesse de ne le pas oublier aux rencontres. En effet, quelques mois après, l'évêché d'Alet vint à vaquer, le Cardinal lui en envoie le brevet. Ce bon prêtre dit au porteur qu'il se trompait et qu'il le prenait pour un autre, et qu'il n'avait aucun accès auprès de Son Eminence. M. le Cardinal voyant sa modestie l'envoya quérir, et après plusieurs persuasions de sa part et autant de refus de Mgr d'Alet ; enfin il l'obligea dans huit jours de l'accepter, ce qu'il fit avec bien de la peine, et s'en acquitta comme nous l'avons fait voir.

Nous avons remarqué dans les entretiens de ce sage pasteur de belles maximes et bien solides pour bien gouverner les peuples, comme par exemple de ne prétendre pas vouloir convertir tout le monde, ce que l'on doit plutôt souhaiter qu'espérer. Ce qui aussi ne doit pas faire diminuer le soin et le travail nécessaire et raisonnable pour tous ceux qui nous sont commis, ne nous appartenant pas d'en faire le discernement ; et cette maxime est bonne contre le dégoût que l'on a, mais surtout contre le déplaisir qu'on a de voir presque tout notre travail inutile, *ce qui ne nous doit point mettre en peine ;* car *curam non curationem exigimur.* Et si Notre-Seigneur eut voulu appliquer les mérites de sa mort à tous, il n'eût pas vu tant d'opposition à sa doctrine et si peu de monde qui l'embrassât.

Une autre maxime qui est encore excellente, c'est de ne pas prétendre de convertir les pécheurs par les voies extérieures seulement, par exemple par les instructions, visites, aumônes et semblables ; ce qui est un grand défaut où tombent beaucoup de zélés, qui se répandent au dehors avec profusion et s'imaginent qu'à force de crier et de tempêter ils les auront ; au lieu de joindre à ces moyens extérieurs la prière, les gémissements, les soupirs, lesquels devant Dieu ont beaucoup plus de force, ce que l'on ne fait presque point et ce que l'on pratique bien dans ces diocèses et dont on nous a bien parlé, et surtout un grand homme, autrefois supérieur d'un grand Séminaire, maintenant retiré dans la solitude, auquel lorsque nous prîmes la liberté de dire que c'était grand dommage de ce qu'il ne se donnait pas au public, il nous répondit qu'on s'y donnait en plusieurs manières et que celle dans laquelle il était pour lors n'était peut-être pas moins utile que celle dont il s'était servi autrefois dans la deuxième ville du royaume. C'est un homme que Mgr d'Alet dit être *de rupe apostolica*. Ce bon prélat, qui est si amateur de la vérité, ne sait ce que c'est que de flatter ; cependant il lui donne cet éloge. Il le lui peut donner, car il le connaît *intus et in cute*, étant son directeur, de l'ordre duquel il dépend uniquement pour accepter ou refuser des emplois. Et nous savons que présentement, Mgr d'Angoulême traite par lettres avec Mgr d'Alet pour obtenir de lui qu'il vienne diriger son séminaire. Mgr de Comminges proteste n'avoir pas vu dans le royaume une tête si forte. Et Mgrs d'Alet et de Pamiers ont tant d'estime pour lui qu'ils feraient scrupule de l'employer à leurs séminaires, le réservant pour quelque chose de plus grand. Mais nous ne repartons pas encore, quoiqu'il fût bientôt temps.

La troisième est de ne se pas arrêter aux conversions extérieures qui sont bien plus faciles à faire que les intérieures, qui sont fort rares. Ce qu'il avait remarqué dans une paroisse dont le curé avait gagné extérieurement les paroissiens à force d'actions extérieures ; mais quand un second vint qui approfondit davantage leurs consciences, les choses changèrent bien de face. Il le connaît aussi par sa propre expérience. Car d'abord, ayant fait des missions sur tout son diocèse, tout le monde se confessait et communiait, et c'était *mirabilia ;*

màis la mission fut-elle finie, ils recòmmencèrent leurs désordres. C'est pourquoi depuis il n'a point fait de fond sur ce
moyen si spécieux en apparence, mais si inutile au fond aux
peuples qui ne font que s'endurcir aux crimes par la profa-
nation des sacrements qu'ils y reçoivent ; enfin si dangereux
pour ceux qui les font parce que, ces Missions ne durant que
quelques semaines ou au plus quelques mois, les confesseurs
n'ònt pas le temps de connaître la solidité de la pénitence
des pécheurs, et bien moins leurs consciences, que souvent
les pécheurs ne peuvent reconnaître eux-mêmes, et pourquoi
il leur faut beaucoup de temps. D'où vient que MM. les recteurs, plus ils sont dans un lieu, moins ils en reçoivent, car
ils les connaissent davantage. Et si d'abord ils les absolvent,
ce n'est qu'avec grand'peiue ; mais c'est qu'étant pasteurs,
leurs brebis ont droit d'exiger d'eux les sacrements, et ils ne
les leur sauraient refuser s'ils ne voient en euxdes [in]dispo-
sitions (?) positives qu'ils ne remarquent pas d'abord par
les voies positives *publiques* (?) car ils sont nouveaux, ni
par le secret, comme je le suppose. Mais il y a bien de la
différence entre eux ou les autres prêtres, ou habitués ou
missionnaires, qui n'étant pas astreints par justice aux peuples, sont obligés de ne se contenter si légèrement, mais ont
droit de demander des dispositions positives et, pour cela,
de prendre un temps suffisant pour les connaître. C'est confor-
mément à ces principes qu'il remercia de leurs offres des missionnaires venus d'Avignon. C'étaient, entre autres, les Tré-
sorier et grand Pénitencier de la Métropole qui, ayant
parcouru tout le diocèse de Narbonne, où ils avaient été
appelés avec tout le fruit que l'on peut attendre de cet emploi,
vinrent de la ville de Limoux, la plus voisine d'Alet, pensant
faire un grand plaisir à Mgr d'Alet, s'offrir à lui pour fureter
tous les coins de son diocèse. Mais leur ayant fait voir le peu
de fruit solide et les grands maux qui venaient de ces missions, il les démonta si fort qu'un d'eux s'en alla dès l'après-
dîner et l'autre le lendemain. Le troisième, y voulant faire
retraite, y est resté tout à fait, et c'est ce M. de Bonadona.
Les autres ne furent pas plutôt arrivés à Avignon qu'ils furent

cités à Rome pour rétracter les hérésies qu'on prétendait qu'ils avaient avancées, à la sollicitation des religieux, comme leur avait bien prédit le bon Seigneur. Sur le même pied, étant consulté par un curé savoir s'il devait s'appliquer aux missions dans son diocèse, comme le souhaitait son évèque, il lui répondit qu'il lui devait remettre la cure, lui donnant pour exemple Bellarmin qui ne voulut pas être archevèque et rester à Rome, quoique pour les affaires de toute l'Église.

Il n'est pas possible de vous marquer en détail toutes les bonnes maximes, non plus que les vertus, qui sont couronnées par une tendresse d'amour inexprimable pour son peuple, qui le fait se donner à lui avec profusion aussi bien le jour comme la nuit. Car, outre les prédications, instructions, visites, etc., il lui administre lui-même tous les autres sacrements, assiste aux sépultures, et durant notre séjour il a donné l'extrême-onction. On nous a dit qu'il y a quelques années le vicaire d'une annexe de la paroisse d'Alet ayant voulu différer jusqu'au matin à aller porter Notre-Seigneur à un malade bien pressé, le garçon qui l'avait prié de venir sur l'heure, ayant autrefois ouï dire à Mgr qu'en tel cas ou semblable on vint à l'évèché, s'y vint sans cérémonie et sur le minuit fit un grand tintamarre qui éveilla Monseigneur, auquel on voulut céler ce qui était, crainte qu'il n'y voulut aller lui-même, quoique par la rigueur du froid et que ce fut à 3 4 de haut de la montagne. Mais l'ayant voulu absolument savoir, il ne manqua pas de le faire, se disant le premier curé et par conséquent le premier obligé : et il surmonta la rigueur de la gelée et la peur qu'il aurait dû avoir de tomber en des précipices. Et ce qui est admirable, c'est qu'il eut assez de douceur pour n'en jamais parler à ce pauvre vicaire, disant que la chose le mortifierait assez. Et une autre fois aussi l'hiver, ayant su par un envoyé exprès qu'au sommet de la montagne on tenait en prison un nombre de femmes qu'on voulait faire brûler sans autre forme de procès, soupçonnées d'être sorcières sur la seule parole d'un imposteur, qui disait s'y bien connaître et qu'elles étaient du métier, il se mit en chemin d'y aller contre le sentiment de tout le monde, à cause de l'excès du froid, de la hauteur des neiges et l'incertitude du chemin, dans la crainte qu'il eut que ni les lettres ni quelque autre qui ce fût ne pût arrêter cette cruauté. Il s'y fit porter par-dessous les bras par des hommes forts, car l'âpreté de la montagne lui faisait perdre haleine et il fallait sans cesse qu'il prit de l'eau-de-vie pour lui conserver le petit reste de chaleur qui l'animait encore au milieu de la neige dont il avait de hautes murailles à ses côtés, que les plus adroits et experts du pays haussaient encore pour lui faire passage. Enfin sa charité lui ayant donné des ailes, il arriva à propos ; car M. le recteur du lieu, ne pouvant plus retenir la fureur de ces barbares qui, quoique surpris de la vue de leur prélat, à peine accordèrent-ils à ses fatigues et à ses instantes prières la vie de ces pauvres victimes. Mais c'était à condition que l'imposteur souffrirait le supplice qu'il avait conseillé de faire endurer à ces femmes innocentes. Ce fut où il fallut suer, son éloquence était de saison. Car ils avaient bien plus de raison d'exiger cette forte punition. Les maris et parents des accusées en voulaient avoir raison. Ce prélat leur promit que Dieu la leur ferait et emmena avec lui ce méchant homme qu'il a converti depuis.

Si ce bon pasteur s'est exposé à tant de dangers pour la conservation de son troupeau, il méritait bien que la Providence divine veillât tout particulièrement à la conservation de sa personne. Ce qu'elle a fait avec plus d'éclat, en deux rencontres, qu'en ce que nous avons dit ci-dessus. Nous le savons des messieurs de l'évêché. Ce fut l'an passé pour une. Ce fut dans sa visite dans laquelle, marchant dans sa litière sur la cime d'une des plus hautes montagnes, le mulet de devant, se voyant dégagé du muletier qui, à cause de la petitesse du chemin, ne pouvait aller côte à côte, commença à se divertir et quittant le sentier prit à la gauche à la pointe la plus escarpée et sur le coupant de la montagne, d'où, tombant avec mille vies successivement on n'en échapperait pas une. Ce mulet lui-même eut frayeur de la profondeur des précipices qu'il aperçut de l'autre côté, car les penchants de ces montagnes ont souvent plusieurs lieues. Que faire ? On ne pouvait avancer ni reculer. Enfin le bon Dieu ayant donné moyen au muletier de passer, il saisit le mulet, et le bon évêque eut le terme (temps) de descendre. L'autre fut, et nous le savons dans toutes les circonstances de M. l'archidiacre qui était pour lors avec Mgr d'Alet, qui s'en allait à Limoux pour les affaires de son diocèse, du temporel duquel il est aussi bien chargé que du spirituel, en étant comte. Le chemin était fort étroit, si bien qu'on ne pouvait passer deux à contre-chemin. Un homme monté à cheval qui en venait, ayant de loin aperçu la litière, se retira dans un petit réduit du côté de la montagne et autant bien qu'on le pouvait, de manière que le premier mulet passa assez facilement. Mais le cheval ne pouvant plus se tenir dans la situation incommode où il était, hennissant, touche celui de derrière qui, ne pouvant résister, manque des deux pieds de derrière et ensuite de ceux de devant, et attire par sa pesanteur la litière dans le penchant. M. l'archidiacre, qui était dans le devant de la litière, eut assez d'adresse pour ne pas accabler Monseigneur, qui étant dans le fond avait la tête en bas à la renverse, mais se percha les pieds sur les poutrelles de la litière. Ce qui est admirable, c'est que durant un si long temps le mulet de devant, qu'on nous a assuré n'avoir point encore servi à Monseigneur que ce jour-là, tint ferme et soutint le poids de deux hommes, de la litière et du mulet de derrière, qui par les efforts qu'il faisait de grimper ou du moins de s'appuyer quelqu'un des pieds donnait un furieux branle. Dans cet intervalle, quelques montagnards qui étaient proches accoururent et soutinrent ce premier mulet. Mais la difficulté était de faire sortir le bon évêque qui, étant dans une posture si gênante, ne pouvait remuer ; d'ailleurs, quand il aurait été tout droit, quel moyen d'en sortir ? Il n'y avait point de terre pour y mettre le pied : ce n'était qu'un penchant assez précipité d'une roche escarpée, on ne se pouvait arrêter. Le fond était la rivière pavée de grosses pierres pointues. Cependant le bon Dieu, exauçant les prières que lui fit son grand serviteur avec autant de quiétude que s'il n'eût rien vu, au rapport de cet archidiacre qui s'était oublié lui-même pour penser uniquement à la conservation de ce chef, lui donna des forces extraordinaires pour prendre ce bon évêque qui est d'une haute stature, la sienne étant petite et ne marquant pas grande vigueur, et le jeter hors la litière sur un petit hallier d'épines, auquel ce bon évêque s'attachant se tint ferme jusques à ce qu'avec des cordes et autres inventions on l'eût remonté dans le sentier. Qui aurait cru que les épines si inutiles et désagréables lui eussent rendu un si bon service ? *Electis omnia cooperantur in bonum.* L'archidiacre se servit du même moyen et puis on coupa les cordes et courroies, et le mulet tomba dans la rivière sans se blesser en aucune manière. Il n'y eut pas manque d'un clou, et Monseigneur continua son chemin comme si de rien n'eût été. On a depuis fait un pont pour passer de l'autre côté où, aux frais des Etats, on a frayé un chemin assez large pour passer une litière.

Mais ce saint homme, en reconnaissance de cette protection particulière, y a fait ériger une croix de pierre avec cette inscription : *Impulsus eversus sum ut caderem. Dominus autem suscepit me.* Une circonstance que nous ne devons pas omettre c'est que, comme ils arrivaient à Limoux, un bon ecclésiastqiue du lieu, aimé de Monseigneur pour sa piété, prévenant M. l'archidiacre, lui témoigna la joie qu'il avait de voir Monseigneur en bon état, ayant eu, il y avait une ou deux heures, des distractions si grandes que, quelque attention qu'il eût tâché de renouveler, il n'avait pu achever son bréviaire, croyant que Monseigneur était tombé dans quelque précipice, et que cette pensée l'avait tellement peiné qu'elle l'avait fait suer à grosses gouttes. La répartie que lui fit cet archidiacre lui fit bien voir que ce n'était pas sans sujet.

Eh bien ! ne fait-il pas bon s'abandonner entièrement à Dieu et chercher premièrement sa justice, vu qu'il a tant de soin de ceux qui le servent avec fidélité, comme nous voyons dans ce saint prélat qu'il a délivré de tant d'accidents du côté des démons, de ceux des montagnes, du feu, de la mort. Il pourrait dire autant de *periculis* qu'en dit saint Paul de soi en l'épître de la Sexagésime. Il ne nous reste que de nous en conjouir et en rendre nos humbles actions de grâces à Dieu, et le prier en même temps de lui donner pour le bien de toute l'Eglise *annos œternos*. — *Amen* (1).

Marc DUBRUEL.

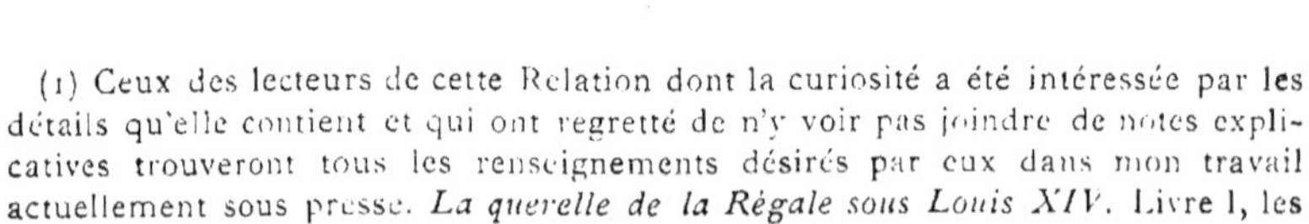

(1) Ceux des lecteurs de cette Relation dont la curiosité a été intéressée par les détails qu'elle contient et qui ont regretté de n'y voir pas joindre de notes explicatives trouveront tous les renseignements désirés par eux dans mon travail actuellement sous presse. *La querelle de la Régale sous Louis XIV*. Livre I, les préliminaires de la querelle. Chapitres III, IV et V.

Foix, imprimerie Pomiès. — Fra et Cie, successeurs.